Partido das coisas

Francis Ponge

Partido das coisas

Tradução, organização, posfácio e notas
Adalberto Müller
Ensaio
Marcelo Jacques de Moraes

ILUMI//URAS

Copyright © Editions Gallimard, 1942

Título original
Le parti pris des choses

Copyright © desta tradução e edição
Editora Iluminuras Ltda.

Capa e projeto gráfico
Eder Cardoso / Iluminuras
Sobre *Sem título*, óleo sobre madeira (70x30cm). Samuel Leon, 2017.

Revisão
Monika Vibeskaia

CIP-BRASIL. CATALOGAÇÃO NA PUBLICAÇÃO
SINDICATO NACIONAL DOS EDITORES DE LIVROS, RJ
P856p

    Ponge, Francis, 1899-1988
       Partido das coisas / Francis Ponge ; tradução, organização, posfácio e notas Adalberto Müller ; ensaio Marcelo Jacques de Moraes. - 1. ed. - São Paulo : Iluminuras, 2022.
       176 p. ; 21 cm.

    Tradução de: Le parti pris des choses
    ISBN 978-65-5519-146-2

    1. Poesia francesa. I. Müller, Adalberto. II. Moraes, Marcelo Jacques. III. Título.

22-76205   CDD: 841
                         CDU: 82-1(44)

Meri Gleice Rodrigues de Souza - Bibliotecária - CRB-7/6439

EDITORA ILUMINURAS LTDA.
Rua Inácio Pereira da Rocha, 389 - 05432-011 - São Paulo - SP - Brasil
Tel./ Fax: 55 11 3031-6161
iluminuras@iluminuras.com.br
www.iluminuras.com.br

Índice

Entrada, 9
    Adalberto Müller

Partido das coisas, 11

    Chuva, 13
    O fim do outono, 15
    Pobres pescadores, 17
    Rum das samambaias, 18
    As amoras, 19
    O engradado, 20
    A vela, 21
    O cigarro, 22
    A laranja, 23
    A ostra, 25
    Os prazeres da porta, 26
    As árvores se desmancham no interior
        de uma esfera de neblina, 27
    O pão, 28
    O fogo, 29
    O ciclo das estações, 30
    O molusco, 31
    Escargots, 32
    A borboleta, 37
    O musgo, 38

Bordas de mar, 39
Da água, 42
O pedaço de carne, 45
O ginasta, 46
A jovem mãe, 47
R. C. Seine No. , 48
O restaurante Lemeunier na rue de
    la Chaussée-D'Antin, 51
Notas para uma concha , 55
As três lojas, 59
Fauna e flora, 61
O camarão, 69
Vegetação, 72
O calhau, 74

Notas do tradutor, 85

Posfácio, 123

Retomar Ponge, 123
    Adalberto Müller

Anexo, 153

Sobre as coisas, bens tão próximos, 153
    Marcelo Jacques de Moraes

Referências bibliográficas, 171

ENTRADA

Adalberto Müller

Esta é uma nova edição e uma retradução de *O partido das coisas*, publicado em 2000 por esta editora. No posfácio a esta edição ("Retomar Ponge"), os leitores podem conhecer as razões desta retradução, e também conhecer mais a fundo o projeto e o alcance da obra de Francis Ponge. As notas que se seguem ao texto integral do livro de Ponge apontam para os problemas de se traduzir alguns termos e passagens do original, além de trazer um material crítico-textual, que não poucas vezes amplia a compreensão da escrita de Ponge em processo. Ao fim do livro, um ensaio de Marcelo Jacques de Moraes leva o leitor a conhecer Ponge para além deste pequeno livro, que, em 1942, lançou alicerces para uma nova forma de fazer literatura, entre a prosa e a poesia.

Ao longo de quase 30 anos de gestação, morte e reencarnação de um projeto, muitas pessoas colaboraram direta ou indiretamente para que este livro viesse à luz, entre as quais não posso deixar de mencionar: Carlos Loria, Jean-Marie Gleize, Bénédicte Gorillot, Armande Ponge, Henryk Siewierski, Leda Tenório da Motta, Maria Cecília Queiroz de Moraes Pinto, Álvaro Faleiros, Marcelo Jacques de Moraes, Samuel Leon, Guilherme Gontijo Flores, Marcelo Paiva de Sousa, Fernando Bastos (*in memoriam*), Guido Bilharinho, Michel Peterson, Luciana Martins, Amanda Müller, Denize Pezzani (*in memoriam*), Myriam Wenig Rubis, Frédéric Rubis, Martin Barnier, Erick Felinto, Filipe Ceppas, Judith Goldmann, Marília Garcia, Heitor Ferraz, Josely Vianna Baptista, Francisco Faria, Denílson Lopes, Isabel de Castro, e Manoel de Barros (*in memoriam*) que quebrou em minha cabeça um engradado de estrelas.

Partido das coisas

Partido das ações

CHUVA

A chuva, no pátio em que a vejo caindo, desce em andamentos diversos. Ao centro, deságua em fina cortina (ou rede) descontínua, é uma queda implacável, mas relativamente lenta, de gotas provavelmente bem leves, uma precipitação sempiterna sem vigor, uma fração intensa do meteoro puro. A pouca distância das paredes da direita e da esquerda, caem gotas de maior peso, individuadas, com mais barulho. Aqui, parecem ter a grossura de um grão de trigo; ali, de uma ervilha; lá, quase de uma bola de gude. Nas bordas, nos parapeitos da janela, a chuva corre horizontalmente, enquanto que na face inferior dos mesmos obstáculos ela pende em balas convexas. Seguindo a superfície de um pequeno teto de zinco que o olhar sobrevoa, ela escoa em renda finíssima, cujo *moiré* se deve às correntes variadas pelas ondulações imperceptíveis e pelas bossas da cobertura. Da calha contígua, onde corre com a contensão de um riacho fundo sem declive acentuado, ela cai de repente em filete perfeitamente vertical, trançado de modo bem grosseiro até o chão onde se trinca e espirra em agulhas brilhantes.

Cada uma de suas formas tem um andamento particular; a cada uma corresponde um ruído particular. O todo vive intensamente como um mecanismo complicado, tão preciso quanto fortuito, como uma engrenagem de relógio cuja mola é o peso de uma determinada massa de vapor em precipitação.

O repique no chão dos filetes verticais, o gluglu das goteiras, as minúsculas batidas de gongo se multiplicam e ressoam ao mesmo tempo, num concerto sem monotonia, mas não sem delicadeza.

Quando a mola se solta, algumas engrenagens por algum tempo continuam funcionando, cada vez mais lentamente, até que toda a maquinaria para. Então, se o sol reaparece, tudo logo se apaga, o brilhante aparelho evapora: houve a chuva.

O FIM DO OUTONO

Todo o outono no fim é só uma infusão fria. As folhas mortas de todas as essências maceram na chuva. Sem fermentação, sem criação de álcool: é preciso esperar até a primavera pelo efeito da aplicação de compressas sobre uma perna de pau.

A apuração se faz em desordem. Todas as portas da sala de escrutínio se abrem e se fecham, batendo violentamente. Ao cesto, ao cesto! A Natureza rasga seus manuscritos, demole sua biblioteca, vareja com raiva seus últimos frutos.

Depois se levanta bruscamente de sua mesa de trabalho. Sua estatura logo parece imensa. Despenteada, está com a cabeça na neblina. Com os braços soltos, aspira as delícias do vento gélido que lhe refresca as ideias. Os dias são curtos, a noite cai rápida, o cômico perde seus direitos.

A terra no éter entre outros astros retoma o ar sério. Sua parte clara é mais estreita, infiltrada de vales de sombras. Seus sapatos, como os de um vagabundo, ficam impregnados de água e fazem música.

Nesse ranário, nessa anfibiguidade salubre, tudo recobra forças, salta de pedra em pedra e muda de prado. Os riachos se multiplicam.

Isso é o que se chama de uma bela limpeza, e que não respeita as convenções! Vestido ou nu, encharcado até os ossos.

E além do mais demora, não seca de repente. Três meses de reflexão salutar nesse estado; sem reação vascular, sem *peignoir* nem luva de crina. Mas sua forte constituição resiste.

Também, quando os pequenos brotos recomeçam a despontar, sabem o que fazem e o que está em jogo — e se se mostram com precaução, torpes e rubicundos, é por conhecimento de causa.

Mais aí já começa outra história que talvez dependa mas não tem o odor das regras negras que me servirão para riscar meu traço abaixo desta.

POBRES PESCADORES

À míngua de sirgas, duas fileiras incessantemente puxando a rede na ria do rei, a molecada, no meio, gritava perto dos cestos:

"Pobres pescadores"!

Eis o extrato declarado às lanternas:

"Meia porção de peixes que se apagaram de pular sobre a areia, e três quartos de retorno de caranguejos ao mar."

RUM DAS SAMAMBAIAS

De baixo das samambaias e seus belos brotinhos terei uma perspectiva do Brasil?

Nem madeira de construção e nem feixes de fósforos: apenas folhas empilhadas no chão que um velho rum molha.

Brotando em ramos de breve impulso, virgens prodígios sem tutores: uma vasta embriaguez de palmas que perderam todo controle e escondem, cada uma, dois terços de céu.

AS AMORAS

Nos arbustos tipográficos constituídos pelo poema numa rota que não leva ao exterior das coisas nem à mente, certas frutas são formadas por uma aglomeração de esferas preenchidas por uma gota de tinta.

*

Pretas, rosa e cáqui no cacho em conjunto, oferecem bem mais o espetáculo de uma família arrogante, em idades diversas, do que uma vívida tentação à colheita. Haja vista a desproporção entre os caroços e a polpa, os pássaros as apreciam pouco, tão pouca coisa lhes resta quando são atravessados por aqueles do bico ao ânus.

*

Mas ao poeta, no curso de seu passeio profissional, a amora mostra um grão de razão: "É assim então", diz consigo, "que medram numerosos os pacientes esforços de uma flor tão frágil, embora defendida por uma rebarbativa e trançada armadura. Sem muitas outras qualidades, — a amora se aroma e madura — como este poema".

O ENGRADADO

A meio caminho de engraçado e degradado a língua portuguesa tem engradado, simples caixote com claraboias destinado ao transporte dos frutos que, com a mínima sufocação, contraem fatalmente uma doença. Arranjado de maneira que no termo de seu uso possa ser quebrado sem esforço, não serve duas vezes. Assim sendo dura menos ainda que os víveres fundentes e nebulosos que encerra.

Ali nas esquinas das ruas que levam ao mercado, reluz do brilho sem vaidade da madeira branca. Novinho ainda, e levemente aturdido por ficar posando desajeitado no olho da rua descartado, esse objeto é, em suma, dos mais simpáticos, — sobre a sina do qual não convém, entretanto, ficar repisando.

A VELA

A noite às vezes reanima uma planta singular, cujo lume decompõe os cômodos mobiliados em maciços de sombra.

Sua folha de ouro mantém-se impassível no oco de uma coluneta de alabastro graças a um pedúnculo bem preto. As borboletas esfarrapadas a assaltam principalmente quando a lua vai alta, a que vaporiza as matas. Mas logo se queimam ou ficam crivadas na disputa, todas frementes à beira de um frenesi que se avizinha ao estupor.

Entretanto a vela, ao fazer vacilarem claridades sobre o livro, no brusco desprender-se das fumaças originais, encoraja o leitor, — depois se inclina sobre o pires e se afoga em seu alimento.

O CIGARRO

Primeiro, tomemos a atmosfera ao mesmo tempo nebulosa e seca, desgrenhada, em que o cigarro posa sempre de viés, desde que a criou continuamente.

Depois, sua pessoa: uma tochinha bem menos luminosa que perfumada, de onde se desgarram e caem, segundo um ritmo a ser determinado, um número calculável de pequenas massas de cinzas.

Sua paixão enfim: esse botão em brasa, descamando em películas prateadas, envolvido por uma luva intermediária, formada pelas mais recentes.

A LARANJA

Como na esponja, há na laranja uma aspiração a retomar a contenção depois de haver passado pela prova da expressão. Mas se a esponja atinge sua meta, a laranja fica longe: pois suas células explodiram, seus tecidos se rasgaram. Enquanto a casca apenas recobra molemente sua forma graças à sua elasticidade, um líquido âmbar se espalhou, acompanhado de refrescos, de perfumes suaves, claro — mas também, da consciência amarga de uma expulsão prematura de sementes.

Será que é necessário tomar partido entre essas duas maneiras de suportar mal a opressão? — A esponja é só um músculo e se enche de vento, de água limpa ou de água suja, depende: que ginástica infame. A laranja tem mais sabor, só que é passiva demais, — e esse oloroso sacrifício, realmente, é uma forma de lisonja ao opressor.

Mas, não se diz muito da laranja, apenas lembrando-se seu modo distinto de perfumar o ar e regozijar o seu algoz. É preciso acentuar o glorioso colorido do líquido resultante, o qual, mais que o suco do limão, obriga a laringe a se abrir larga, tanto para pronúncia da palavra quanto para a ingestão do líquido, sem nenhum beicinho cismado da anteboca, da qual ele não eriça as papilas.

E ficamos sem palavras, de resto, para confessar a admiração que suscita a embalagem do tenro, frágil e róseo balão oval, dentro desse espesso mata-borrão úmido, cuja epiderme extremamente fina, mas bem pigmentada, acerbamente sápida, é apenas rugosa o bastante para fixar a luz sobre a perfeita forma do fruto.

Mas ao fim de um estudo curtíssimo — conduzido tão redondamente quanto possível —, é preciso chegar à semente. Esse grão, na forma de um minúsculo limão, oferece, em seu exterior, a cor da madeira branca do limoeiro, e, em seu interior, um verde ervilha, ou de germe tenro. É nele que se encontram, depois da explosão sensacional da lanterna veneziana de sabores, cores e perfumes, que constitui o próprio fruto-balão, — a dureza relativa e o verdor (aliás não inteiramente insípido) da madeira, do galho, da folha: súmula em resumo, embora seja certamente a razão de ser do fruto.

A OSTRA

A ostra, do tamanho de um calhau regular, tem uma aparência mais rugosa, uma cor menos uniforme, brilhantemente esbranquiçada. É um mundo enclaustrado em sua recalcitrância. No entanto, pode-se abri-la. Para fazê-lo, é mister segurá-la no côncavo de um pano de prato, servir-se de uma faca avariada e sem gume, retomar várias vezes. Os dedos curiosos se cortam, as unhas se trincam: é um trabalho grosseiro. Os golpes que se lhe desferem marcam seu invólucro de círculos brancos, à maneira de halos.

Por dentro se mostra um mundo todo de beber e de comer. Sob um firmamento (falando propriamente) de nácar, os céus de cima se arqueiam sobre os céus de baixo, para não formar nada além de um charco, um sachê viscoso e esverdeado, que flui e reflui para o olfato e para a vista, com franjas de uma renda negra nas bordas.

Às vezes bem rara uma fórmula emperla em sua goela de nácar, de onde logo se encontra algo de ornar.

OS PRAZERES DA PORTA

Os reis não tocam nas portas.

Desconhecem essa alegria: empurrar diante e si, suave ou rudemente, um desses grandes painéis familiares, voltar-se para ele e o recolocar no seu lugar, — segurar nos braços uma porta.

... A alegria de empunhar no ventre, por seu nó de porcelana, um desses altos obstáculos de um cômodo; aquele corpo-a-corpo rápido, com o qual, detido o andar por um instante, o olho se abre, e o corpo inteiro se acomoda a seu novo aposento.

Com uma mão amiga, ele a retém ainda, antes de a empurrar decididamente, e se fechar, — o que o estalido da mola possante, mas bem azeitada, agradavelmente assegura.

AS ÁRVORES SE DESMANCHAM NO INTERIOR DE UMA ESFERA DE NEBLINA

Na neblina que envolve as árvores, as folhas se lhes esbulham; essas que já, surpreendidas por uma lenta oxidação, e mortificadas pela retração da seiva em benefício das flores e frutos, depois dos fortes calores de agosto, apegavam-se menos.

Na casca, cavam-se regos verticais por onde a umidade até o chão vai sendo conduzida a se desinteressar pelas partes vivas do tronco.

As flores se dispersaram, os frutos foram depostos.

Desde a mais tenra idade, a resignação de suas qualidades vivas e de partes de seu corpo tornou-se para as árvores um exercício familiar.

O PÃO

A superfície do pão é maravilhosa primeiro por causa dessa impressão quase panorâmica que ela dá: como se tivéssemos ao alcance das mãos os Alpes, o Tauro ou a Cordilheira dos Andes.

Assim é que uma massa amorfa e ainda dando arrotos foi enfiada para nós no forno estrelar, onde, endurecendo, tomou a forma de vales, cumes, ondulações, voragens...E todos esses planos logo tão claramente articulados, essas lajes finas em que a luz deita seus fogos com aplicação, — sem um olhar sequer para a moleira ignóbil subjacente.

Esse frouxo e frio subsolo, que se chama o miolo, tem um tecido semelhante ao das esponjas: folhas e flores ali são como irmãs siamesas soldadas por todos os cotovelos ao mesmo tempo. Quando o pão endurece, essas flores fanam e se encolhem: então elas se desprendem umas das outras, e a massa se torna friável...

Mas cortemos nesse ponto: pois o pão deve ser, em nossa boca, menos objeto de veneração que de consumo.

O FOGO

O fogo faz uma classificação: primeiro, todas as flamas se encaminham num sentido qualquer...

(Só se pode comparar o andar do fogo ao dos animais: é preciso que ele deixe um lugar para ocupar um outro; caminha ao mesmo tempo como uma ameba e como uma girafa, estica o pescoço, rasteja com pés)...

Depois, enquanto as massas contaminadas com método se desmancham, os gazes que escapam se transformam pouco a pouco numa só ribalta de borboletas.

O CICLO DAS ESTAÇÕES

Cansadas de estar contraídas durante todo o inverno, as árvores de repente se vangloriam de ter sido enganadas. Não podem mais segurar: soltam suas palavras, um fluxo, um vômito de verde. Empenham-se em chegar a uma folheação completa de palavras. Tanto faz! As coisas vão se arranjar de qualquer modo! E, de fato, se arranjam. Nenhuma liberdade na folheação...Lançam, pelo menos acreditam nisso, qualquer tipo de palavras, lançam ramos para neles dependurar mais palavras: nossos troncos, elas pensam, estão aí para assumir tudo. Esforçam-se por se esconder, por se confundir umas com as outras. Acreditam poder dizer tudo, cobrir inteiramente o mundo de palavras variadas: não dizem senão "as árvores". Incapazes até mesmo de reter os pássaros que partem novamente delas, justo quando se regozijavam de haver produzido tão estranhas flores. Sempre a mesma folha, sempre o mesmo modo de desdobramento, e o mesmo limite, as folhas simétricas a si mesmas, simetricamente suspensas! Tente mais uma folha! — A mesma! Tente outra! A mesma! Nada, em suma, as poderia deter, senão esta observação: "Não se sai das árvores com meios de árvores." Um novo cansaço, uma nova reviravolta moral. "Deixemos tudo amarelar, e cair. Venha o taciturno estado, o despojamento, o OUTONO."

O MOLUSCO

O molusco é um *ser — quase uma — qualidade*. Ele não precisa de vigamento, mas apenas de um anteparo; algo como a tinta dentro do tubo.

A natureza renuncia aqui à apresentação do plasma em forma. Mostra apenas que se apega a ele abrigando-o cuidadosamente em um escrínio, cuja face interna é a mais bela.

Não se trata, portanto, de um simples escarro, mas de uma realidade das mais preciosas.

O molusco é dotado de uma possante energia para fechar-se. Na verdade, não é mais que um músculo, um gonzo, uma mola Coimbra e sua porta.

A mola é que secretou a porta. Duas portas ligeiramente côncavas constituem sua moradia inteira.

Primeira e última moradia. Reside ali até depois da morte.

Nada se pode fazer para retirá-lo vivo dali.

A menor célula do corpo do homem se apega assim, e com essa força, à palavra, — e reciprocamente.

Mas, às vezes, um outro ser vem violar essa tumba, quando está bem acabada, e nela se fixar no lugar do defunto construtor.

É o caso do paguro.

ESCARGOTS

Ao contrário das escórias, que são hóspedes das cinzas quentes, os escargots gostam da terra úmida. *Go on*, eles avançam colados a ela de corpo inteiro. Eles a carregam, eles a comem, e dela fazem seu excremento. Ela os atravessa. Eles a atravessam. É uma interpenetração de muito bom gosto, pois é *ton sur ton*, por assim dizer — com um elemento passivo, um elemento ativo, o passivo banhando e ao mesmo tempo nutrindo o ativo —, que se desloca ao mesmo tempo que come.

(Há uma outra coisa a dizer desses caracóis. Primeiro, sua própria umidade. Seu sangue frio. Sua extensibilidade.)

Aliás, é preciso observar que não se concebe um caracol fora de sua concha sem estar se movimentando. Logo que repousa, vai entrando no fundo de si mesmo. Noutro sentido, seu pudor o obriga a mover-se assim que mostra a nudez, quando entrega sua forma mais vulnerável. Logo que se expõe, ele anda.

Durante as épocas secas, escondem-se nos fossos, onde parece, aliás, que a presença dos seus corpos contribui para manter a umidade. Sem dúvida se avizinham de outros bichos de sangue frio, sapos, rãs. Mas quando saem de lá, não é com o mesmo passo. Seu mérito por estar ali é maior, pois têm muito mais dificuldade de sair.

Deve-se notar que, se eles gostam da terra úmida, não se afeiçoam aos lugares em que a proporção se torna mais favorável à água, como pântanos ou lagoas. E certamente preferem a terra firme, mas com a condição de que ela seja gorda e úmida.

Eles têm volúpia por hortaliças e plantas de folhas verdes e carregadas de água. Sabem se alimentar delas, deixando apenas as nervuras, e recortando o mais macio. Eles são, por exemplo, o flagelo das alfaces.

O que são eles no fundo das fossas? Seres que se afeiçoam delas por algumas de suas qualidades, mas que têm a intenção de dar o fora. São um elemento constitutivo delas, porém vagabundo. Aliás, tanto lá quanto nas aleias firmes dos jardins, sua concha preserva o ar de reserva.

É verdade que às vezes é um estorvo carregar por todo lugar consigo essa concha, mas eles não reclamam, e afinal até parecem contentes. Que beleza, onde quer que se esteja, poder voltar para casa e desafiar os importunos. Valia a pena mesmo.

Babam de orgulho por essa capacidade, essa comodidade. Como pode ser que eu seja um ser tão sensível e tão vulnerável, e ao mesmo tempo tão a salvo dos ataques dos importunos, tão dono da própria alegria e tranquilidade. Daí esse porte maravilhoso da cabeça.

Ao mesmo tempo tão colado ao chão, tão tocante e tão lento, tão progressivo e tão capaz de me descolar do chão para entrar em mim mesmo, e então *après moi le déluge*, basta um pontapé para me fazer rolar por aí. Tenho a certeza de que me reerguerei e colarei novamente os pés no chão que é minha sina, e onde encontrarei meu pasto: a terra, o mais comum dos alimentos.

Que alegria, portanto, que felicidade que é ser um caracol. Mas essa baba de orgulho, eles a impõe como marca em tudo o que tocam. Um rastro prateado os acompanha. E talvez os sinalize aos voláteis, que gostam de os comer. Eis o *hic*, a questão, ser ou não ser (vaidosos), o perigo. Sozinho, evidentemente o caracol está sozinho. Não tem muitos amigos. Mas também não precisa deles para ser feliz. Ele cola tão bem na natureza, goza dela e nela tão de perto, é amigo do chão, que ele come com o corpo inteiro, e das folhas, e do céu, ao qual ele levanta tão altiva a cabeça, com seus glóbulos de olhos sensíveis; nobreza, lentidão, sabedoria, orgulho, vaidade, autoestima.

E não vamos dizer que nisso se assemelha ao leitão. Não, ele não tem aqueles pezinhos mesquinhos, aquele passinho inquieto. Aquela necessidade, aquela vergonha de fugir de forma destrambelhada. Mais resistência, e mais estoicismo. Mais método, mais autoestima e, sem dúvida, menos gulodice, — menos capricho; deixando aquele alimento para se lançar a este outro, menos desvario e precipitação na gulodice, menos medo de deixar perder alguma coisa.

Nada é tão belo quanto essa forma de andar tão lenta e tão segura e tão discreta, a preço de quantos esforços esse deslizar perfeito com que honram a terra! Tal como um largo navio, de rastro prateado. Esse modo de proceder é majestoso, sobretudo se levamos em conta ainda uma vez essa vulnerabilidade, esses glóbulos de olhos tão sensíveis.

A cólera dos caracóis será perceptível? Haverá exemplos dela? Como ela se dá sem nenhum gesto, manifesta-se sem dúvida somente por uma secreção de baba mais flocosa e mais rápida. Essa baba de orgulho. Vê-se aqui que a expressão de sua cólera é a mesma que a do seu orgulho. Assim se sentem seguros e impõem-se ao mundo de um modo mais rico, prateado.

A expressão de sua cólera, como a de seu orgulho, torna-se brilhante ao secar. Mas também constitui seu traço, e os designa ao raptor (ao predador). Além do mais, ela é efêmera e só dura até a próxima chuva.

Isso é o que acontece com aqueles que se exprimem de um modo inteiramente subjetivo e sem reconsideração, e somente por traços, sem o cuidado de construir e formar sua expressão como uma moradia sólida, de muitas dimensões. Mais durável que eles mesmos.

Mas, sem dúvida, não sentem essa necessidade. São mais heróis — isto é, seres cuja própria existência já é uma obra de arte — do que artistas, isto é, fabricantes de obras de arte.

Mas aqui é que toco em um dos pontos principais da lição deles, que aliás não lhes é particular, mas que possuem em comum com todos os seres de conchas: essa concha, parte de seu ser e ao mesmo tempo obra de arte, monumento. Ela permanece, muito mais tempo do que eles.

Eis o exemplo que nos dão. Santos, fazem obra de arte de sua vida, — obra de arte, do seu aperfeiçoamento. Sua própria secreção se produz do mesmo modo que se enforma. Nada de exterior a eles, à sua necessidade, ao que lhes falta, é obra deles. Nada de desproporcional — por outro lado — ao ser físico. Nada que não lhes seja necessário, obrigatório.

Assim traçam aos homens seu dever. Os grandes pensamentos vêm do coração. Aperfeiçoa-te moralmente, e farás bons versos. A moral e a retórica se reúnem na ambição e no desejo do sábio.

Mas santos em quê: em obedecer precisamente à sua natureza. Conhece-te, pois, primeiro, a ti mesmo. E aceita-te tal como és. Em consonância com teus vícios. Em proporção com tua medida.

Mas qual é a noção própria do homem: a palavra e a moral. O humanismo.

Paris, 21 de março de 1936

A BORBOLETA

Quando o açúcar elaborado nos caules surge no fundo das flores, como em xícaras mal lavadas, — um grande esforço se produz no chão onde de súbito as borboletas levantam voo.

Mas como cada lagarta ficou com a cabeça cega e escurecida, e o torso foi afinado pela verdadeira explosão em que as asas simétricas flambaram,

Desde então a borboleta errante só pousa ao acaso em seu percurso, ou algo assim.

Fósforo voador, sua chama não é contagiante. Aliás, chega tarde demais e apenas pode constatar as flores desabrochadas. Pouco importa: comportando-se como acendedora de lâmpadas, verifica a provisão de óleo de cada uma. Deposita no cume das flores o farrapo atrofiado que arrasta consigo, vingando-se assim da longa humilhação amorfa de lagarta ao pé dos caules.

Minúsculo veleiro dos ares maltratado pelo vento como pétala superfetatória, ela vagabundeia pelo jardim.

O MUSGO

As patrulhas da vegetação detiveram-se outrora ante a estupefação das rochas. Mil bastonetes do veludo de seda cruzaram as pernas sentados como alfaiates.

Daí em diante, desde a aparente crispação do musgo junto à rocha com seus lictores, tudo no mundo, tomado de um embaraço inextricável e costurado por baixo, enlouquece, bate os pés, sufoca.

Além do mais, os pelos cresceram; com o tempo tudo ficou mais escuro.

Ó preocupações de pelos cada vez mais compridos! Os profundos tapetes, em preces quando nos sentamos sobre eles, hoje levantam com aspirações confusas. Assim ocorrem não apenas sufocações, mas afogamentos.

Ora, simplesmente escalpelar, da velha rocha austera e sólida, esses terrenos de esponja, esses capachos úmidos com saturação, torna-se possível.

BORDAS DE MAR

O mar, até a aproximação dos seus limites, é uma coisa simples que se repete onda por onda. Mas não se abordam as coisas mais simples da natureza sem o acúmulo de devidas formas, sem as formalidades de praxe, e nem, as coisas mais espessas, sem sofrer-se algum desgaste. É por isso que o homem, também por rancor contra a imensidão que o abate, precipita-se às bordas ou à intersecção das grandes coisas para defini-las. Pois a razão, no seio do uniforme, perigosamente balança e se rarefaz: uma mente com falta de noções deve primeiro aparelhar-se de aparências.

Enquanto que o ar, mesmo atormentado pelas variações de sua temperatura ou por uma trágica necessidade de influência e de informações próprias sobre cada coisa, apenas folheia e dobra superficialmente o canto das páginas do voluminoso tomo marinho, o outro elemento mais estável que nos suporta mergulha obliquamente até sua guarda rochosa grandes facas terrosas que habitam a espessura. Às vezes, de encontro a um músculo enérgico uma lâmina ressai pouco a pouco: é o que se chama de praia.

Deslocada ao ar livre, mas rejeitada pelas profundezas, embora familiarizada com elas até um certo ponto, essa porção de superfície alonga-se entre os dois, mais ou menos fulva e estéril, e, ordinariamente, apenas suporta um tesouro de destroços incansavelmente polidos e empilhados pelo destruidor.

Um concerto elementar, mais delicioso por sua discrição e sujeito à reflexão, harmoniza-se ali desde a eternidade para ninguém: desde sua formação, por meio da operação, sobre a planura sem limites, do espírito de insistência que sopra do céu às vezes, o fluxo, ondeando desde longe sem tropeços e sem censura, encontra enfim a quem falar. Mas apenas uma e breve palavra é confidenciada aos seixos e às conchas, que se mostram bastante comovidos, e ele expira ao proferi-la; e todos os que se lhe seguirem expirarão também ao proferir a mesma, às vezes mais alto clamada. Cada qual sobre o outro, ao chegar à orquestra, levanta um pouco o pescoço, se descobre e se dirige a quem foi direcionado. Mil homônimos senhores são assim admitidos no mesmo dia à apresentação do mar prolixo e prolífico em ofertas labiais a cada uma de suas bordas.

Também em vosso fórum, ó calhaus, não é, com uma arenga grosseira, qualquer camponês do Danúbio que vem fazer-se ouvir: mas sim o próprio Danúbio, misturado a todos os outros rios do mundo, depois de haverem perdido sentido e pretensão, e profundamente reservados em uma desilusão amarga, que só pode ser degustada por quem tenha a consciência de apreciar, pela absorção da qualidade mais secreta, seu sabor.

Com efeito, é depois da anarquia dos rios, de seu relaxamento no profundo e copiosamente habitado lugar comum da matéria líquida, que se deu o nome de mar. Eis a razão porque a suas próprias bordas ele sempre parecerá ausente: aproveitando-se de seu afastamento recíproco que as proíbe de se comunicar entre si senão através dele, ou por grandes desvios, ele certamente deixa a cada uma delas acreditar que ele se dirige especialmente a elas. Na verdade, polido com todo mundo, e mais que polido: capaz, para cada uma delas, de todo arrebatamento, de todas as convicções sucessivas, ele guarda no fundo de sua bacia doméstica uma infinita posse de correntes. Não sai de seus limites senão um pouco, põe *ele mesmo* um freio ao furor de seus fluxos, e, como a medusa, que ele abandona aos pescadores como imagem reduzida ou amostra de si mesmo, faz somente uma reverência estática a todas as suas bordas.

Assim é o antigo manto de Netuno, esse empilhamento pseudo-orgânico de véus uniformemente espalhados pelos três quartos do mundo. Nem pelo cego punhal das rochas, nem pela mais perfurante tempestade revirando maços de folhas continuamente, nem pelo olho atento do homem trabalhando penosamente, e aliás sem controle num meio proibido aos orifícios destampados dos outros sentidos, e cujo braço mergulhando para apreender perturba mais ainda, esse livro não foi lido até o fundo.

DA ÁGUA

Abaixo de mim, sempre está abaixo de mim, a água. É sempre com os olhos baixos que olho para ela. Como o chão, como uma parte do chão, como uma modificação do chão.

Ela é branca e brilhante, amorfa e fresca, passiva e obstinada em seu único vício: o peso; dispondo de meios excepcionais para satisfazer tal vício: contornando, traspassando, erodindo, filtrando.

Dentro dela mesma também age esse vício: ela desaba sem cessar, renuncia a todo instante a toda forma, tende apenas a se humilhar, deita-se de barriga no chão, quase cadáver, como os monges de certas ordens. Sempre abaixo: tal parece ser sua divisa: o contrário de Excelsior.

*

Quase se poderia dizer que a água é louca, por causa dessa histérica necessidade de apenas obedecer ao seu peso, que a possui como uma ideia fixa.

É verdade que tudo no mundo conhece essa necessidade, que sempre e em todo lugar deve ser satisfeita. Este armário, por exemplo, mostra-se bastante teimoso em seu desejo de aderir ao solo, e se acaso um dia se encontre em equilíbrio instável, vai preferir o estrago à contravenção. Mas enfim, em certa medida, ele joga com a gravidade, mas a desafia: não desaba por todos os lados, sua cornija, suas molduras não se submetem. Existe nele uma resistência em benefício de sua personalidade e de sua forma.

LÍQUIDO é por definição o que prefere obedecer ao seu peso a manter sua forma, o que recusa toda forma para obedecer ao seu peso. O que perde toda compostura por causa dessa ideia fixa, desse escrúpulo doentio. Desse vício, que o torna rápido, precipitado ou estagnante; amorfo ou feroz, amorfo *e* feroz, feroz terebrante, por exemplo; engenhoso, filtrante, circundante; tanto que se pode fazer dele o que se quiser, e conduzir a água em canos para a seguir fazê-la jorrar verticalmente a fim de gozar enfim de seu modo de se desfazer em chuva: uma verdadeira escrava.

...Entretanto, o sol e a lua têm ciúmes dessa influência exclusiva, e tentam impor-se quando ela se encontra presa de grandes superfícies, sobretudo se ela se encontra em estado de menor resistência, dispersa em poças rasas. O sol arrecada então o maior tributo. Ele a força a um ciclismo perpétuo, trata-a como um esquilo numa roda.

*

A água me escapa... me escorre entre os dedos. E tem mais! Nem chega a ser tão limpa (como um lagarto ou uma rã): ficam nas minhas mãos traços, manchas, relativamente demoradas para secar, ou que é preciso limpar.

Ela me escapa, mas, no entanto, me marca, sem que eu possa fazer grande coisa. Ideologicamente é a mesma coisa: ela me escapa, escapa a toda definição, mas me deixa no espírito e neste papel traços, manchas informes.

*

Inquietude da água: sensível ao menor gesto da declividade. Saltando as escadarias com dois pés ao mesmo tempo. Brincante, pueril por obediência, voltando assim que alguém a chama mudando a inclinação para o lado de cá.

O PEDAÇO DE CARNE

Cada pedaço de carne é um tipo de fábrica, moinhos
e lagares de sangue.
Tubulações, altos-fornos e cubas avizinham-se com
martelos-pilões e coxins de graxa.
Ali o vapor jorra, fervendo. Fogos escuros ou claros
ficam vermelhos.
Valetas a céu aberto carregam escórias e fel.
E isso tudo vai esfriando lentamente, à noite, à morte.
Então, se não é a ferrugem, pelo menos outras re-
ações químicas se produzem, as quais liberam cheiros
pestilentos.

O GINASTA

Como o G indica, o ginasta usa cavanhaque e um bigode que quase se junta a uma mecha alongando-se em curva sobre uma testa achatada.

Moldado por uma malha que faz duas dobras na virilha, o membro se mantém ereto, como o i sob o pingo.

Todos os corações ele devasta, mas se obriga a uma atitude casta e seu palavrão é BASTA!

Mais róseo que o natural e menos destro que um macaco, salta nos aparelhos com um zelo puro. Depois, com a cabeça do corpo preso aos nós da corda, interroga o ar como uma minhoca em seu torrão.

Para acabar, cai das barras como uma lagarta, mas pula e fica em pé, e é então o modelo adulado da estupidez humana que vos saúda.

A JOVEM MÃE

Alguns dias depois do parto, a beleza da mulher se transforma. O rosto caído quase sempre sobre o peito se alonga um pouco. Os olhos atentos se abaixam em direção a um objeto próximo, e quando se levantam parecem um pouco perdidos. Revelam um olhar cheio de confiança, mas que solicita a continuidade. Os braços e as mãos se recurvam e se reforçam. As pernas, que muito se afinaram e enfraqueceram, sentam-se à vontade, com os joelhos para cima. O ventre abaulado, lívido, ainda está sensível; o baixo-ventre acomoda-se ao repouso, à noite dos lençóis. ...Mas, logo de pé, todo esse grande corpo evolui apertado entre o broquel útil a toda altura dos quadrados brancos das roupas lavadas, que a sua mão livre toma às vezes, amassa, tateia com sagacidade, para estendê-las ou dobrá-los a seguir, conforme os resultados desse exame.

R. C. SEINE NO.

É por uma escada de madeira não encerada nunca nos últimos trinta anos, passando pela sujeira das guimbas jogadas junto à porta, em meio a um pelotão de pequenos funcionários ao mesmo tempo mesquinhos e selvagens, de chapéu-coco e marmita na mão, que começa, duas vezes por dia, a nossa asfixia.

Uma luz reticente reina no interior dessa escada caracol caindo aos pedaços, onde flutua suspensa a serragem da madeira bege. Com o ruído dos sapatos içados pelo cansaço entre um degrau e outro num eixo sujo, aproximamo-nos com um andamento igual ao dos grãos de café numa engrenagem de trituração.

Cada qual acredita mover-se em estado livre, porque uma opressão extremamente simples o obriga, que não difere muito da gravidade: do fundo dos céus, a mão da miséria roda a moenda.

*

A saída, na verdade, não é tão perigosa para nossa forma. Essa porta que se deve transpor só tem um gonzo de carne do tamanho de um homem, o vigia, que a obstrui pela metade: mais que uma engrenagem, trata-se de um esfíncter. Cada pessoa é logo expulsa, vergonhosamente sã e salva, mas muito deprimida, pelas tripas lubrificadas com cera, com *flit*, e com a luz elétrica. Bruscamente separados por longos intervalos, todos se encontram, então, em uma atmosfera birrenta de hospital com tempo de cura indeterminado, para a manutenção das sacolas achatadas, deslizando à toda velocidade através de uma espécie de monastério-pista-de-patinação cujos numerosos canais se cortam em ângulos retos, — onde o uniforme é o jaleco surrado.

Logo depois, em cada serviço, com um barulho tremendo, os armários de cortina de ferro se abrem — de onde as pastas, como horrorosos pássaros-fósseis familiares, desaninhados de seus estratos, descem para pousar sobre as mesas onde se sacodem. Um estudo macabro se inicia. Ó analfabetismo comercial, ao som das máquinas sagradas, é preciso então servir à longa e sempiterna celebração de teu culto.

Tudo se inscreve na medida certa, nos impressos em várias vias, onde a palavra reproduzida em roxos de carbono cada vez mais apagados acabaria por dissolver-se, sem dúvida, no próprio desdenho e no tédio do papel, não fossem os arquivos mortos, essas fortalezas de papelão bem grosso, perfurados no centro com uma lucarna redonda, a fim de que nenhuma folha inserida se dissimule no esquecimento.

Duas ou três vezes por dia, no meio desse culto, a correspondência multicor, radiosa e besta como um pássaro do Caribe, fresco emolumento de envelopes marcados de negro pelo beijo dos Correios, vem logo pousar à minha frente.

Cada folha estrangeira é então adotada, entregue a um de nossos pombinhos, que a guia a destinatários sucessivos até chegar à classificação: grampos, colchetes parisienses, clipes esperam a utilização em suas gamelas.

*

Pouco a pouco, entretanto, à medida que a hora gira, a maré sobe nos cestos de lixo. Quando vai transbordar, já é meio dia: um alarme estridente convida a desaparecer imediatamente desses locais. Reconheçamos que ninguém espera ser avisado duas vezes. Uma corrida desvairada se disputa nas escadas, onde os dois sexos, autorizados a se confundir na fuga, quando não o foram na entrada, se entrechocam e se acotovelam no salve-se quem puder. É aí que os chefes de serviço adquirem realmente consciência de sua superioridade: "*Turba ruit* ou *ruunt*"; esses, com a desenvoltura dos padres, deixando passar o galope dos monges e monginhos de todas as ordens, visitam lentamente seus domínios, cercados pelo privilégio das vidraças sem polimento, num cenário em que as virtudes embalsamantes são o mórbido orgulho, o mau gosto e a delação, — e chegando até o vestiário, onde não raro se encontram luvas, uma bengala, um cachecol de seda, até que abandonam o hábito e se desvestem da careta característica, transformando-se em verdadeiros cavalheiros mundanos.

O RESTAURANTE LEMEUNIER NA RUE DE LA CHAUSSÉE-D'ANTIN

Não há nada de mais tocante que o espetáculo que acontece nesse imenso Restaurante Lemeunier, na Rue de la Chaussée-D'Antin, com a multidão de funcionários e vendedoras almoçando ao meio-dia. Luz e música ali se oferecem com uma prodigalidade de sonho. Espelhos biselados, dourados por toda parte. Entra-se através das plantas verdes por uma passagem mais escura, nas paredes dos quais os fregueses já se instalaram, apinhando-se, e que desemboca num salão de enormes proporções, com muitos balcões de pinho formando um só piso *oitavado*, onde você é acolhido ao mesmo tempo pelas fumaças de cheiros quentes, pelo ruído dos garfos chocando-se contra os pratos, pelos chamados das garçonetes e o barulho das conversas.

É uma grande composição digna de um Veronese pela ambição e pelo volume, mas que seria melhor pintar inteira com o espírito do famoso *Bar* de Manet. Os personagens dominantes são, sem dúvida, primeiro o grupo de músicos no centro da sala oitavada, depois as moças dos caixas sentadas em elevação em suas banquetas, com seus corpetes claros e obrigatoriamente estufados emergindo, enfim as lamentáveis caricaturas de metres, que circulam com relativa lentidão, mas às vezes obrigados a por a mão na massa com a mesma precipitação que as garçonetes, não pela impaciência dos fregueses (pouco habituados a exigências) mas pelo caráter febril de um zelo profissional que se aguça com o sentimento de incerteza das situações no atual estado de oferta e demanda do mercado de trabalho.

Ó mundo da insipidez e da estupidez, aqui atinges a tua perfeição! Toda uma juventude inconsciente macaqueia cotidianamente a frivolidade escandalosa a que os burgueses se entregam oito ou dez vezes por ano, quando o pai banqueiro ou a mãe cleptomaníaca realizaram alguma beneficência extra e realmente inesperada, e querem demonstrá-lo aos vizinhos de forma apropriada.

Cerimoniosamente enfeitados, como seus pais interioranos só se mostram aos domingos, os jovens funcionários e suas acompanhantes ali se afundam em delícias, com a total boa-fé, e todos os dias. Cada qual se apega ao seu prato como o bernardo-eremita à sua concha, enquanto o fluir copioso de alguma valsa vienense, cujo rumor domina o tinido das valvas de faiança, revira os estômagos e os corações.

Como em uma gruta de maravilhas, eu os vejo todos falando e rindo, mas não os escuto. Jovem vendedor, é aqui, no meio da multidão de semelhantes, que deves falar à tua camarada e descobrir teu próprio coração. Ó confidência, é aqui que serás trocada!

Pratos de sobremesas em vários estágios cremosos audaciosamente sobrepostos, servidas em taças de um metal misterioso, longas, mas rapidamente lavadas e infelizmente sempre mornas, permitindo aos consumidores, que escolheram tê-las dispostas diante deles, manifestando melhor do que com outros sinais os sentimentos profundos que os animam. Neste, é o entusiasmo que lhe proporciona a presença ao seu lado de uma datilógrafa magnificamente ondulada, pela qual ele não hesitaria em cometer mil e uma loucuras do mesmo gênero; naquele, é o cuidado de exibir uma frugalidade de bom-tom (comeu, antes, apenas uma leve entrada) conjugada com um gosto promissor em guloseimas; em alguns, é assim que se demonstra um desgosto aristocrático por tudo o que, neste mundo, não participa nem um pouquinho da fantasia; em outros, enfim, pelo seu modo de degustar, revelam uma alma nobre e blasé, e um tremendo hábito de saciedade e de luxo.

Entretanto milhares de migalhas claras e grandes impregnações cor-de-rosa apareceram ao mesmo tempo nos panos esparsos ou estendidos.

Um pouco mais tarde, os isqueiros assumem o papel principal, segundo o dispositivo que aciona o pavio ou o modo como são manejados. Enquanto isso, elevando os braços com um movimento que descobre das axilas seu modo particular de ostentar os cocares da transpiração, as mulheres retocam o penteado ou manejam os tubos de batom.

É a hora em que, na algazarra recrudescente das cadeiras empurradas, dos panos de prato que se batem, das torradas esmagadas, vai se realizar o último rito da singular cerimônia. Sucessivamente, de cada um dos comensais, as garçonetes, em cujos bolsos habita um bloco, e, entre os cabelos, um toco de lápis, aproximam seus ventres cobertos de modo tão tocante pelos cordões do avental: elas se entregam de memória a uma rápida estimativa. É aí que a vaidade será punida e a modéstia recompensada. Moedas e notas azuladas são trocadas sobre as mesas: parece que cada um vai retirando suas fichas do jogo.

Fomentado, entretanto, pelas assistentes na hora dos últimos serviços da refeição da noite, pouco a pouco se propaga, e a portas fechadas se prepara um levante geral dos móveis, em favor do qual as tarefas úmidas da limpeza serão logo realizadas e sem impedimentos concluídas.

É então e somente que as trabalhadoras, uma a uma sopesando algumas moedas que tilintam ao fundo de seus bolsos, com o pensamento inchando seus peitos por alguma criança na creche ou no interior ou cuidada pelos vizinhos, vão abandonando indiferentes tais lugares apagados, enquanto que na calçada da frente o homem que as espera não percebe senão uma vasta criação de mesas e cadeiras, de orelha em pé, dispostas umas sobre as outras, contemplando com hebetude e paixão a rua deserta.

NOTAS PARA UMA CONCHA

Uma concha é uma coisa pequena, mas posso desmesurá-la recolocando-a onde a encontro, em cima da extensão da areia. Pois então apanharei um punhado de areia, e observarei o pouco que me resta na mão depois que, pelos interstícios de meus dedos, todo o punhado houver escorrido; observarei alguns grãos, depois cada grão, e nenhum desses grãos de areia nesse instante me parecerá mais uma coisa pequena; e então, a concha formal, este invólucro da ostra, ou esta voluta bastarda, ou esta "navalha", me impressionará como um enorme monumento, ao mesmo tempo colossal e precioso, algo como o templo de Angkor, Saint-Maclou ou as Pirâmides, com uma significado muito mais estranho que esses muito contestáveis produtos de homens.

Se então me vier à mente que esta concha, que uma onda do mar pode sem dúvida encobrir, é habitada por um bicho, se eu acrescento um bicho a essa concha imaginando-a recolocada a alguns centímetros abaixo da água, deixo vocês pensarem o quanto há de crescer e intensificar-se de novo a minha impressão, e se tornará diferente daquela que pode produzir o mais notável dos monumentos que há pouco evoquei!

*

Os monumentos do homem se parecem com pedaços de seu esqueleto ou de qualquer tipo de esqueleto, com grandes ossos descarnados: não evocam nenhum morador do tamanho deles. As catedrais mais enormes deixam sair apenas uma farândola amorfa de formigas; e mesmo a mansão ou o castelo mais suntuoso, feitos para um único homem, são ainda mais comparáveis a uma colmeia, ou a um formigueiro com numerosos compartimentos, do que a uma concha. Quando o senhorio sai da sua morada causa certamente menor impressão do que quando o bernardo-eremita deixa perceber sua monstruosa pinça, no bocal do soberbo búzio que o alberga.

Posso brincar de considerar Roma ou Nîmes como esqueletos esparsos, aqui a tíbia, ali o crânio de uma antiga cidade viva, de um antigo vivente, mas então será preciso que eu imagine um enorme colosso de carne e osso, que não corresponda a nada do que se pode razoavelmente inferir daquilo que nos ensinaram, mesmo com o auxílio de expressões no singular, como o Povo Romano ou a Farândola Provençal.

Como gostaria que um dia me deixassem entrever que um tal colosso realmente existiu, que se alimentasse de algum modo a visão bastante fantasmática e unicamente abstrata que dele formo, sem nenhuma convicção! Que me fizessem tocar-lhe as faces, a forma de seu braço, e como ele o colocava encostado no seu corpo.

Temos tudo isso com a concha: com ela estamos em plena carne, não abandonamos a natureza: o molusco ou o crustáceo estão lá, presentes. Daí uma espécie de inquietude que decuplica nosso prazer.

*

Não sei por que, gostaria que o homem, em lugar desses enormes monumentos, que apenas testemunham a desproporção grotesca entre sua imaginação e seu corpo (ou seus estúpidos costumes sociais, gregários), em lugar ainda dessas estátuas em escala ou ligeiramente maiores (penso no David de Michelangelo), que não passam de simples representações dele; que ele esculpisse espécies de nichos, de conchas de seu tamanho, de coisas bem diferentes de sua forma de molusco, mas entretanto proporcionais a ele (as cabanas africanas me satisfazem mais, desse ponto de vista), que o homem tivesse o cuidado de criar para as gerações seguintes uma morada não muito maior que seu corpo, que suas imaginações todas, que suas razões nela estivessem contidas, que ele empregasse seu gênio no ajustamento e não na desproporção —, ou, pelo menos, que o gênio reconhecesse os limites do corpo que o suporta.

E não admiro, de modo nenhum, aqueles como Faraó, que fazem uma multidão executar monumentos para um só: preferiria que empregasse essa multidão em uma obra não maior ou não muito maior que seu corpo, — ou — o que seria mais meritório ainda, que ele testemunhasse sua superioridade sobre os outros através do caráter de sua obra própria.

Desse ponto de vista, admiro sobretudo certos escritores ou músicos comedidos, Bach, Rameau, Malherbe, Horácio, Mallarmé — os escritores acima de todos, porque o monumento é feito da verdadeira secreção comum ao molusco homem, da coisa mais proporcional e condicionada a seu corpo, e, ao mesmo tempo, a mais distinta de sua própria forma que se pode conceber, isto é: a PALAVRA.

Ó Louvre de leitura, que poderá ser habitado, depois do fim da raça, talvez, por outros visitantes, alguns macacos, por exemplo, ou algum pássaro, ou algum ser superior, como o crustáceo substitui o molusco na voluta bastarda.

E depois do fim de todo o reino animal, o ar e a areia em pequenos grãos nele penetram lentamente, enquanto reluz ainda no chão e se desgasta, e vai se desagregar lentamente, ó estéril, imaterial poeira, ó brilhante resíduo, embora sem fim revirado e triturado entre os laminadores aéreos e marinhos, ENFIM! já não há *alguém* lá e nada se pode mais formar da areia, nem mesmo vidro, e ACABOU!

AS TRÊS LOJAS

Perto da praça Maubert, no local onde toda manhã cedo espero o ônibus, três lojas se avizinham: Joalheria, Lenha & Carvão, Açougue. Contemplando-as uma a uma, observo comportamentos a meu ver distintos, do metal, da pedra preciosa, do carvão, da lenha, do pedaço de carne. Não nos detenhamos muito nos metais, que não passam da consequência de uma ação violenta do homem sobre os barros ou certos aglomerados que por si mesmos não teriam jamais semelhantes intenções; nem, nas pedras preciosas, cuja raridade justamente deve fazer com que lhes concedamos apenas umas poucas palavras, escolhidas em um discurso sobre a natureza composto de modo equânime. Quanto à carne, um tremor ao vê-la, uma espécie de horror ou de simpatia obriga-me à maior discrição. Recentemente cortada, aliás, e já um véu de vapor ou de fumaça *sui generis* furta-a dos mesmos olhos que gostariam de provar o que se pode chamar de cinismo: terei dito tudo o que posso dizer quando houver chamado a atenção, um minuto, para seu aspecto *palpitante*.

Mas a contemplação da lenha e do carvão é uma fonte de alegrias tão fáceis quanto sóbrias e seguras, que me contento em compartilhar. Sem dúvida, seriam necessárias várias páginas, quando apenas disponho, aqui, da metade de uma. Por isso mesmo, limito-me a propor a vocês este tema de meditações: "1o. O TEMPO OCUPADO EM VETORES VINGA-SE SEMPRE, COM A MORTE. — 2º. MARROM, POIS O MARROM ESTÁ ENTRE O VERDE E O PRETO NO CAMINHO DA CARBONIZAÇÃO, O DESTINO DA LENHA COMPORTA AINDA — POSTO QUE MINIMAMENTE — UM GESTO, ISTO É, O ERRO. O PASSO EM FALSO. E TODOS OS MALENTENDIDOS POSSÍVEIS."

FAUNA E FLORA

A fauna se move, ao passo que a flora se desdobra à vista. Toda uma série de seres animados é diretamente assumida pelo chão. Têm seu lugar reservado no mundo, e também a sua condecoração por antiguidade. Diferentes de seus irmãos vagabundos, não são um novo acréscimo ao mundo, não são importunos ao solo. Não erram em busca de um lugar para morrer, tanto que a terra, como a outros, absorve cuidadosamente seus restos. Entre eles, não há cuidados alimentares ou domiciliares, não há entredevoração: sem terrores, corridas malucas, crueldades, queixas, gritos, palavras. Não são os corpos segundos da agitação, da febre e do assassinato. Logo que aparecem à luz do dia, não ficam na fachada, nem na estrada. Sem preocupar-se com seus vizinhos, não entram uns dentro dos outros por absorção. Não saem uns de dentro dos outros por gestação. Morrem por dessecação e por queda no chão, ou antes por desabamento no local, raramente por corrupção. Nenhum lugar de seu corpo é particularmente sensível a ponto de, perfurado, causar a morte da pessoa inteira. Mas têm uma sensibilidade relativamente mais comichosa quanto ao clima, às condições de existência.

Eles não são...Eles não são...
Seu inferno é de uma outra espécie.

Não têm voz. São quase, quase, paralíticos. Só conseguem chamar a atenção com suas poses. Não parecem conhecer as dores da não-justificação. Não poderiam escapar pela saída dessa obsessão, ou acreditar que escapam, no frenesi da velocidade. Não há outro movimento neles além da extensão. Nenhum gesto, nenhum pensamento, talvez nenhum desejo, nenhuma intenção que não acabe num crescimento monstruoso de seus corpos, a uma irremediável *excrescência.*

Ou então, o que é pior, não há nada de monstruoso por infortúnio: apesar de todos os esforços para "exprimir-se", eles apenas conseguem repetir um milhão de vezes a mesma expressão, a mesma folha. Na primavera, quando, cansados de se conter e não aguentando mais, deixam escapar um fluxo, um vômito de verde, e acreditam entoar um cântico variado, sair de si mesmos, estender-se a toda natureza, abraçando-a, mais uma vez apenas conseguem obter, em milhares de exemplares, a mesma nota, a mesma palavra, a mesma folha.

Não se pode sair da árvore com meios de árvore.

*

"Eles apenas se exprimem com suas poses."

Não há gestos, somente multiplicam seus braços, suas mãos, seus dedos, — à maneira de budas. É assim que, ociosos, vão até o fim de seus pensamentos. Eles não passam de uma vontade de expressão. Não têm nada de escondido para si mesmos, não podem guardar nenhuma ideia secreta, desenvolvem-se inteiramente, honestamente, sem restrição.

Ociosos, passam seu tempo a complicar sua própria forma, a perfazer seu próprio corpo no sentido da maior complicação da análise. Onde quer que nasçam, por mais escondidos que estejam, ocupam-se apenas em realizar sua expressão: eles se preparam, eles se ornam, eles esperam que alguém os venha ler.

Apenas têm à sua disposição, de modo a chamar a atenção para si mesmos, suas poses, suas linhas, e às vezes um sinal excepcional, um apelo extraordinário aos olhos e ao olfato sob a forma de ampolas ou de bombas luminosas e perfumadas, que chamamos de suas flores, e que sem dúvida são chagas.

Essa modificação da sempiterna folha significa certamente alguma coisa.

*

O tempo dos vegetais: parecem sempre congelados, imóveis. Viramos as costas por uns dias, uma semana, e a sua pose se definiu mais, seus membros se multiplicaram. Sua identidade não deixa dúvidas, mas sua forma se realizou cada vez melhor.

*

A beleza das flores que se fanam: as pétalas se contorcem como sob a ação do fogo: aliás é bem uma desidratação. Contorcem-se para deixar perceber os grãos, aos quais decidem dar uma chance, deixar o campo livre.

É aí que a natureza se apresenta em face da flor, à força de se abrir, de se afastar: ela se encrespa, se contorce, recua, deixando triunfar o grão que sai dela e que ela havia preparado.

*

O tempo dos vegetais se resume a seu espaço, ao espaço que ocupam pouco a pouco, preenchendo uma trama sem dúvida sempre determinada antes. Quando acaba, então são tomadas pelo cansaço, e é o drama de uma certa estação.

Como o desenvolvimento dos cristais: uma vontade de formação, e uma impossibilidade de se formar de outro modo que *de certa maneira.*

*

Dentre os seres animados, pode-se distinguir entre aqueles em que, além do movimento que os faz crescer, age uma força por meio da qual podem mover o todo ou uma parte de seus corpos, e se deslocar ao seu modo pelo mundo, — e aqueles em que não há outro movimento senão o da extensão.

Uma vez liberados da obrigação de crescer, os primeiros *se exprimem* de muitos modos, acerca de mil problemas de moradia, de alimentação, de defesa, de certos jogos enfim, quando se lhes concede algum repouso. Quanto aos segundos, que não conhecem essas necessidades prementes, não se pode afirmar que não tenham outras intenções ou vontade que a de crescer, mas, em todo caso, toda vontade de expressão, de sua parte, é impotente, a não ser para desenvolver seu corpo, como se cada um dos desejos nos custasse doravante a obrigação de alimentar e suportar um membro suplementar. Infernal multiplicação da substância por ocasião de cada ideia! Cada desejo de fuga é um elo a mais na corrente!

*

O vegetal é uma análise em ato, uma dialética original no espaço. Progressão por divisão do ato precedente. A expressão dos animais é oral, ou mimetizada por gestos que apagam uns aos outros. A expressão dos vegetais é escrita, uma vez por todas. Não há como voltar atrás, arrependimentos e emendas não são possíveis: para se corrigir, é preciso acrescentar. Corrigir um texto escrito, e *lançado*, por apêndices, e assim por diante. Mas é preciso acrescentar que não se dividem ao infinito. Para cada um existe um limite.

Cada um de seus gestos deixa não apenas um traço, como acontece com os homens e seus escritos, deixa uma presença, um nascimento irremediável, *e não desprendida deles.*

*

Suas poses, ou "tableaux-vivants": mudas instâncias, súplicas, calma forte, triunfos.

*

Dizem que os enfermos, os amputados, veem suas faculdades desenvolverem-se prodigiosamente: assim é com os vegetais: sua imobilidade faz a sua perfeição, seu talhe, suas belas decorações, seus ricos frutos.

*

Nenhum gesto de suas ações tem efeito fora deles mesmos.

*

A variedade infinita dos sentimentos que o desejo na imobilidade faz nascer deu origem à infinita variedade de suas formas.

*

Um conjunto de leis complicadas ao extremo, isto é, o mais perfeito acaso, preside ao nascimento, e à localização dos vegetais na superfície do globo. A lei dos *indeterminados determinantes*.

*

Os vegetais à noite.

A exalação do ácido carbônico pela função clorofiliana, como um suspiro de satisfação que duraria horas, como quando a corda mais grave dos instrumentos de corda, frouxa o tanto quanto possível, vibra no limite da música, do som puro, e do silêncio.

*

AINDA QUE O SER VEGETAL QUEIRA SER DEFINIDO ANTES POR SEUS CONTORNOS E POR SUAS FORMAS, HEI DE HONRAR NELE ACIMA DE TUDO UMA VIRTUDE DE SUA SUBSTÂNCIA: A DE PODER REALIZAR SUA SÍNTESE UNICAMENTE ÀS CUSTAS DO AMBIENTE INORGÂNICO QUE LHE SERVE DE MEIO. TODO O MUNDO À SUA VOLTA NÃO É SENÃO UMA MINA EM QUE O PRECIOSO FILÃO DÁ O QUE SERVE PARA ELABORAR CONTINUAMENTE SEU PROTOPLASMA, NO AR PELA FUNÇÃO CLOROFILIANA DE SUAS FOLHAS, NO SOLO PELA FACULDADE ABSORVENTE DE SUAS RAÍZES QUE ASSIMILAM OS SAIS MINERAIS. DAÍ

A QUALIDADE ESSESCIAL DESSE SER, LIBERADO AO MESMO TEMPO DE CUIDADOS DOMICILIARES E ALIMENTARES GRAÇAS À PRESENÇA AO SEU REDOR DE RECURSOS INFINITOS DE ALIMENTOS: *A imobilidade.*

O CAMARÃO

Diversas qualidades ou circunstâncias fazem um dos objetos mais pudicos do mundo, ou talvez o mais esquivo dos condenados à contemplação, de um pequeno animal, que, sem dúvida, importa menos nomear logo, do que evocar com precaução, e deixar-se engajar por seu movimento próprio no conduto de circunlocuções, enfim, atingir com a palavra o ponto dialético onde o situam sua forma e seu meio, sua condição muda e o exercício de sua profissão justa.

Temos que admitir isto, às vezes pode acontecer que um homem, com a vista perturbada pela febre, a fome, ou simplesmente a fadiga, sofra de uma passageira mas sem dúvida benigna alucinação: em saltos vivos, bruscos, retrógrados seguidos de lentos retornos, ele percebe, de um lado a outro do seu campo de visão, remexendo de modo particular, uma espécie de pequenos sinais, pouco marcados, translúcidos, na forma de bastonetes, de vírgulas, talvez de outros sinais de pontuação, os quais, sem lhe esconder inteiramente o mundo, oblitera-o de algum modo, deslocando-se em superposição, enfim, dão vontade de esfregar os olhos a fim de usufruir outra vez de uma visão mais nítida.

Ora, no mundo de representações exteriores, às vezes um fenômeno análogo produz-se: o camarão, no meio das ondas em que habita, não salta de modo distinto, e como as manchas de que falava há pouco eram fruto de uma perturbação da vista, esse ser pequenino parece, a princípio, estar em função da confusão marinha. Mostra-se, aliás, com mais frequência, nos lugares em que mesmo em tempos serenos essa confusão chega ao seu cúmulo: no oco das rochas, em que as ondulações líquidas incessantemente se contradizem, entre as quais o olho, numa espessura do puro que mal se distingue da tinta de escrever, apesar de todas as penas, nada percebe de seguro. Uma diafaneidade, tão útil quanto seus saltos, apaga enfim sua presença, ainda que imóvel, aos olhos de toda continuidade.

Encontramo-nos aqui exatamente no ponto em que importa, que em favor dessa dificuldade e dessa dúvida não prevaleça no espírito uma covarde ilusão, graças à qual o camarão, decepcionado pela atenção quase imediatamente cedida à memória, não se conservaria ali mais do que um reflexo, ou que uma sombra flutuante e boa nadadora dos tipos de uma espécie representada de modo mais tangível nos baixios pelo lavagante, pela lagosta, pelo lagostim e pelo pitu nos riachos frios. Não, não se deve duvidar que ele viva tanto quanto essas carnes desajeitadas, e conheça, embora em uma condição menos terra-a-terra, todas as dores e angústias que a vida supõe em toda parte... Se a extrema complicação interior que os anima às vezes não nos deve impedir de honrar as formas mais características de uma estilização à qual eles têm direito — para os tratar, se preciso for, de ideogramas indiferentes —, é preciso, no entanto, que essa utilização nos poupe das dores simpáticas que a constatação da vida provoca irresistivelmente em nós: uma exata compreensão do mundo animado terá que pagar esse preço, sem dúvida.

Aliás, o que pode conferir mais interesse a uma forma senão a observação de sua reprodução e disseminação em meio à natureza à razão de milhões de exemplares ao mesmo tempo, em toda parte, tanto nas águas frescas e copiosas do bom quanto do mau tempo? Que um número de indivíduos padeça dessa forma, e sofra a danação particular, em um mesmo número de lugares, isso é o que se espera da provocação do desejo de uma percepção clara. Objetos pudicos enquanto objetos, parecendo querer excitar a dúvida, não tanto pela realidade própria a cada um, mas pela possibilidade de uma observação mais demorada, em seu favor, de uma posse ideal um pouco satisfatória; poder imediato, que repousa na cauda, de provocar o término da discussão a qualquer momento: sem dúvida, é na cinemática mais do que na arquitetura que um tal motivo poderá enfim ser utilizado... A arte de viver deveria tirar proveito desse fato antes de tudo: era preciso que aceitássemos tal desafio.

VEGETAÇÃO

A chuva não forma os únicos hifens entre o chão e os céus: existe um outro tipo, dos menos intermitentes e bem melhor tramados, cujo tecido o vento não arranca por mais forte que o agite. Se às vezes consegue arrancar umas coisas, numa certa estação, as quais ele se esforça por reduzir em seu turbilhão, afinal se percebe que ele não chegou a dissipar nada. Olhando mais de perto, a gente se encontra em uma das mil portas de um imenso laboratório, eriçado de aparelhos hidráulicos multiformes, todos bem mais complicados que as simples colunas da chuva, e dotados de uma perfeição original: todos, ao mesmo tempo, retortas, filtros, sifões, alambiques.

São justamente esses os aparelhos que a chuva encontra primeiro antes de atingir o chão. Eles a recebem numa quantidade de pequenas tigelas dispostas em abundância em todos os níveis de uma profundidade maior ou menor, e que se derramam umas sobre as outras até aquelas do mais ínfimo degrau, por quem a terra é enfim diretamente umedecida de novo.

Assim amortecem o pé-d'água a seu modo, e guardam durante um bom tempo seu humor e benefício no chão após a desaparição do meteoro. Apenas a eles pertence o poder de fazer brilhar ao sol as formas da chuva, isto é, de expor do ponto de vista da alegria as suas razões, tão religiosamente admitidas quanto foram precipitadamente formuladas pela tristeza. Curiosa ocupação, enigmáticos caracteres.

Crescem em estatura à medida que a chuva cai; mas com mais regularidade, mais discrição; e por uma espécie de força adquirida, mesmo quando ela não cai mais. Enfim, encontramos água ainda em certas ampolas que eles formam e que carregam com roborizada afetação, aos quais chamamos seus frutos.

Tal é, parece, a função física dessa espécie de tapeçaria em três dimensões, à qual se deu o nome de vegetação, por outras características que ela apresenta e, em particular, pelo tipo de vida que a anima...Mas eu queria antes insistir neste ponto: ainda que a faculdade de realizar sua própria síntese e de se produzir sem que lhes peçamos (até mesmo entre os paralelepípedos da Sorbonne) assemelhe os aparelhos vegetativos aos animais, isto é, a toda espécie de vagabundos, no entanto, em muitos lugares e permanentemente, eles formam um tecido, e esse tecido pertence ao mundo como um de seus fundamentos.

O CALHAU

O calhau não é uma coisa fácil para a boa definição. Se nos contentarmos com uma simples descrição, pode-se dizer logo que é uma forma ou um estado da pedra entre a rocha e o seixo. Mas essa afirmação implica uma noção da pedra que deve ser justificada. Que não me ataquem, quanto a tal matéria, por retornar a uma distância maior que a do dilúvio.

*

Todas as rochas surgiram por cissiparidade de um mesmo avô enorme. Desse corpo fabuloso só há uma coisa a se dizer, a saber, fora dos limbos, não soube ficar em pé. A razão só o atinge amorfo e espalhado entre os saltos pastosos da agonia. Ela acorda para o batismo de um herói do tamanho do mundo, e descobre a masseira terrível de um leito de morte.

Que o leitor aqui não se apresse, que ele antes admire, no lugar de expressões tão pesadas e fúnebres, a grandeza e a glória de uma verdade que, ao menos, pôde torná-las transparentes e não parecer obscura.

Assim, em um planeta dantes frio e opaco, brilha agora o sol. Nenhum satélite de chamas ilude mais a seu respeito. Toda a glória e toda a existência, tudo o que faz ver e tudo o que faz viver, a fonte de toda aparência objetiva se retirou. Os heróis que saíram dele, que gravitavam à sua volta, voluntariamente se eclipsaram. Mas para que a verdade de que eles abdicam a glória — em proveito de sua própria fonte — conserve um público e objetos, mortos ou a ponto de morrer, eles não deixam de continuar a sua ronda em torno dela, seu serviço de espectadores.

Acredita-se que tal sacrifício, a expulsão da vida para além naturezas outrora tão gloriosas e ardentes, não tenha ocorrido sem dramáticas reviravoltas interiores. Essa é a origem do caos cinzento da Terra, nossa humilde e magnífica morada.

Assim, após um período de torções e dobras semelhante às de um corpo que se agita enquanto dorme debaixo de cobertores, nosso herói, vencido (por sua consciência) como por uma monstruosa camisa de força, apenas experimentou explosões íntimas, cada vez mais raras, de efeito rompante em um invólucro cada vez mais pesado e frio.

Ele morto, e ela caótica, agora se confundem.

*

Desse corpo que, de uma vez por todas, perdeu, junto com a faculdade de se comover, a de se refundir em uma pessoa inteira, a história, desde a lenta catástrofe do resfriamento, será apenas a de uma perpétua desagregação. Mas é nesse momento que acontecem outras coisas: com a grandeza morta, a vida logo deixa ver que não tem nada em comum com aquela pessoa. E logo com mil e um recursos.

Tal é hoje a aparência do globo. O cadáver em nacos do ser do tamanho do mundo não faz mais do que servir de cenário para a vida de milhões de seres infinitamente menores e mais efêmeros que ele. A multidão desses seres em alguns locais é tão densa que dissimula inteiramente a ossatura sagrada que lhes serviu outrora de único suporte. E é apenas uma infinidade de seus cadáveres que, conseguindo desde então imitar a consistência da pedra, porque se chama tal terra de vegetal, lhes permite há alguns dias reproduzir-se sem nada ficar devendo à rocha.

Aliás, o elemento líquido, quiçá de origem tão antiga quanto aquele de que estou tratando aqui, reunindo-se em superfícies mais ou menos extensas, o recobre, esfrega-se nele, e em golpes repetidos ativa a sua erosão.

Descreverei então algumas das formas que a pedra, atualmente esparsa e humilhada pelo mundo, mostra aos nossos olhos.

*

Os fragmentos maiores, lajotas mais ou menos invisíveis sob as vegetações entrelaçadas que se agarram a eles, tanto por religião quanto por outros motivos, constituem a ossatura do globo.

São verdadeiros templos: não tanto construções erigidas arbitrariamente acima do solo, mas os restos impassíveis do antigo herói, que esteve outrora verdadeiramente no mundo.

Empenhado na imaginação de coisas grandes em meio à sombra e o perfume das florestas que cobrem esses blocos misteriosos às vezes, o homem, apenas com a mente, supõe que haja abaixo uma continuidade. Nos mesmos locais, numerosos blocos mais pequenos chamam a sua atenção. Espalhados sob o bosque pelo tempo, bolas irregulares de miolo de pedra, amassadas pelos dedos desse deus.

Desde a explosão do enorme antepassado e de sua trajetória nos seus céus abatidos sem recurso, os rochedos se calaram.

Invadidos e fraturados pela germinação, como um homem que já não faz a barba, escavados e preenchidos pela terra móvel, nenhum deles, incapazes de qualquer reação, agora canta qualquer palavra.

Suas figuras, seus corpos, se fendem. Nas rugas da experiência, a ingenuidade se aproxima e se instala. Rosas se assentam sobre seus joelhos cinzentos, e apresentam contra eles sua ingênua diatribe. Eles as admitem. Eles, de quem outrora o granizo desastroso iluminou as florestas, e cuja duração é eterna em estupor e resignação.

Eles riem de ver, em torno de si, suscitadas e condenadas tantas gerações de flores, de uma carnação, aliás, digam o que quiserem, apenas um pouco mais viva que a deles, e de um rosa tão pálido e tão sem graça quanto o cinza deles. Eles pensam (como as estátuas, sem se dar ao trabalho de dizê-lo) que tais matizes foram emprestados aos brilhos do céu ao pôr do sol, brilhos que o céu ensaia aliás toda tarde em memória de um incêndio bem mais reluzente, por ocasião daquele famoso cataclismo em que, projetados violentamente nos ares, eles experimentaram um momento de magnífica liberdade que terminou dando nesse formidável aterramento. Não longe dali, o mar, dos joelhos rochosos dos gigantes, espectadores dos esforços espumosos de suas donas abatidas em suas bordas, arranca incessantemente blocos que ele guarda, abraça, balança, embala, remexe, amassa, bajula e pole em seus braços contra seu corpo, ou abandona num canto de sua boca como uma drágea, que depois expele da boca, e coloca numa borda hospitaleira em declive em meio a um rebanho já numeroso, ao seu alcance, almejando pegá-lo novamente ali mesmo, para dele se ocupar com mais afeto, de modo ainda mais apaixonado.

No entanto o vento sopra. Faz voar a areia. E se uma dessas partículas, forma última e ínfima do objeto que nos ocupa, chega a se introduzir realmente em nossos olhos, é assim mesmo que a pedra, pelo modo de ofuscar que lhe é característico, pune e termina nossa contemplação.

A natureza nos fecha assim os olhos quando chega o momento de interrogar, no interior da memória, se as informações que uma longa contemplação nela acumulou já não a teriam provido de alguns princípios.

*

A um espírito pobre de noções, que se nutriu primeiro de tais aparências, a propósito da pedra a natureza aparecerá enfim, à luz de uma tal simplificação, como um relógio cujo princípio é feito de engrenagens que giram em velocidades bastante desiguais, embora acionadas por um único motor.

Os vegetais, os animais, os vapores e os líquidos, ao morrer e renascer, giram de modo mais ou menos rápido. A grande engrenagem de pedra nos parece praticamente imóvel, e, mesmo teoricamente, só podemos conceber uma parte da fase de sua lentíssima desagregação.

Assim sendo, ao contrário da opinião comum que faz dela, aos olhos dos homens, um símbolo da duração e da impassibilidade, o que se pode dizer de fato é que a pedra, por não se reformar na natureza, é, na verdade, a única coisa que morre constantemente.

De modo que a vida, pela boca dos seres que recebem sucessivamente e por um período restrito de tempo seu depósito, deixa acreditar que ela inveja a solidez indestrutível desse cenário. Aí está a unidade de ação que lhe parece dramática: ela pensa confusamente que seu suporte pode um dia falhar, enquanto ela própria se sente eternamente ressuscitável. Num cenário que renunciou à comoção e deseja apenas cair em ruínas, a vida se inquieta e se agita por só saber ressuscitar.

Claro que a pedra também aparece às vezes agitada. Apenas em seus últimos estágios, quando calhaus, saibros, areia, poeira, ela já não é capaz de representar o papel de recipiente ou de suporte das coisas animadas.

Desamparada do bloco fundamental, ela rola, ela voa, ela cobra seu lugar na superfície, e toda vida então recua para longe das mornas extensões, onde o frenesi do desespero a dispersa e ao mesmo tempo a reúne.

Faço notar, por fim, como princípio deveras importante, que todas as formas da pedra, que representam, todas, algum estado da sua evolução, existem simultaneamente no mundo. Aqui não há gerações ou raças desaparecidas. Os Templos, os Semideuses, as Maravilhas, os Mamutes, os Heróis, os Avós estão todo dia ao lado dos netos. Cada homem pode tocar em carne e osso todos os possíveis desse mundo em seu jardim. Não há concepção: tudo existe; ou melhor, como no paraíso, toda concepção existe.

*

Se eu quiser examinar agora mais atentamente um dos tipos particulares da pedra, a perfeição de sua forma, e o fato que eu possa agarrá-lo e girá-lo na minha mão, me levam a escolher o calhau.

Além do mais, o calhau é exatamente a pedra na época em que começa para ela a idade da pessoa, do indivíduo, isto é, da palavra.

Comparado ao banco rochoso de onde deriva diretamente, ele é a pedra já fragmentada e polida em um grande número de indivíduos quase semelhantes. Comparado ao pequeno saibro, pode-se dizer que, em função do lugar onde se encontra, pois que o homem também não tem o costume de fazer dele uso prático, é a pedra ainda selvagem, ou ao menos não doméstica. Ainda alguns dias sem significação em qualquer ordem prática do mundo, aproveitemo-nos de suas virtudes.

*

Carregado um belo dia por uma das inumeráveis carroças do fluxo marinho, que desde então, ao que parece, apenas despejam para os ouvidos o seu vão carregamento, cada calhau repousa no amontoado das formas de seu antigo estado, e das formas de seu futuro.

Não muito longe dos locais em que uma camada de terra vegetal recobre ainda seus enormes avós, no sopé do banco rochoso em que se opera o ato de amor de seus parentes mais próximos, ele se assenta no solo, formado pelos próprios grãos deles, onde o vagalhão escavador procura por ele e o perde.

Mas esses locais em que o mar ordinariamente o relega são os mais impróprios a toda homologação. Suas populações jazem ali, e apenas a extensão o sabe. Cada qual se acredita perdido por não ter um número, e por ver que apenas forças cegas o levam em consideração.

E, na verdade, onde quer que tais rebanhos repousem, cobrem praticamente todo o chão, e suas costas formam uma plateia incômoda tanto para o pouso do pé como o do espírito.

Nenhum pássaro. De quando em quando um broto de verde surge entre eles. Lagartos os percorrem, contornando-os sem cerimônia. Gafanhotos saltando medem mais a si mesmos do que os medem. Homens distraídos às vezes lançam ao longe um deles.

Mas esses objetos do último bocado, perdidos sem ordem em meio a uma solidão violada por ervas secas, os sargaços, as rolhas velhas e todo tipo de destroços de provisões humanas, — imperturbáveis em meio aos mais fortes turbilhões da atmosfera, — assistem mudos ao espetáculo daquelas forças que correm às cegas até perderem o fôlego por causa da caça de tudo sem qualquer razão. No entanto, apegados em parte alguma, eles permanecem em seu lugar qualquer sobre a superfície. O vento mais forte que arranca uma árvore ou demole um edifício não pode deslocar um calhau. Mas, como faz voar a poeira em volta, é assim que os furões dos furacões desenterram às vezes alguns desses marcos do acaso de seus lugares quaisquer onde há séculos estão sob a camada opaca e temporal da areia.

Mas, contrariamente, a água, que torna escorregadio e comunica sua qualidade de fluido a tudo que ela pode envolver inteiramente, consegue seduzir essas formas e arrastá-las, às vezes. Pois o calhau se lembra que ele nasceu dos esforços desse monstro amorfo sobre o monstro igualmente amorfo da pedra. E como sua pessoa ainda só pode receber acabamento em repetidas vezes pela aplicação do líquido, ela permanece dócil a ele, por definição, para todo o sempre.

Opaco em seu chão como o dia é opaco em relação à noite, no mesmo instante em que a onda o retoma logo o faz reluzir. E embora ela não aja em profundidade, mal chegando a penetrar o aglomerado finíssimo e fechado, a mais tênue embora mais ativa aderência do líquido provoca uma modificação sensível em sua superfície. Parece que ela a pole novamente, e assim cura ela mesma as feridas de seus precedentes amores. Aí, por um momento, o exterior do calhau se parece com seu interior: em todo o seu corpo, o olho da juventude. Entretanto sua forma suporta os dois meios, perfeitamente. Mantém-se imperturbável durante a desordem dos mares. Acaba saindo dela menor, mas inteiro, ou, se quiserem, igualmente *grande*, já que suas proporções não dependem de modo algum do seu volume.

Quando sai do líquido, logo seca. É por isso que, apesar dos monstruosos esforços aos quais foi submetido, a marca líquida não pode permanecer em sua superfície: ele a dissipa sem o mínimo esforço.

Enfim, a cada dia menor, mas sempre seguro de sua forma, cego, sólido e seco em sua profundidade, seu caráter não é o de se deixar confundir, mas antes de se deixar reduzir pelas águas. Também quando, vencido, ele enfim se torna areia, a água não o penetra como faz com a poeira. Guardando então todos os traços, salvo justamente os do líquido, que se limita a poder apagar nele os que foram feitos por outros, ele deixa passar através de si todo o mar, sem poder de modo algum fazer lama com ele.

*

E mais não direi, pois essa ideia de um desaparecimento de sinais me leva a refletir sobre os defeitos de um estilo que se apoia demasiadamente nas palavras. Bem feliz apenas de haver estreado com a escolha do *calhau*: pois um douto espirituoso irá apenas sorrir, mas sem dúvida ficará comovido quando meus críticos disserem adrede: "Havendo empreendido escrever uma descrição da pedra, ele ficou empedernido."

NOTAS DO TRADUTOR

Valho-me aqui do texto crítico "Dans l'atelier du Parti pris des choses", do primeiro volume da edição Pléiade (cf. bibliografia), que traz variantes e reflexões póstumas do autor. Doravante esse texto é nomeado como APPC.

CHUVA / Pluie (1935-1936)

Esta tradução se baseia numa tradução anterior, feita em conjunto com Carlos Loria, e publicada em *Dimensão*, n. 27 (1998), p. 119. Esse número daquela combativa revista de poesia, editada por Guido Bilharinho, trazia uma seleção de dez textos de *Le parti pris des choses* traduzidos por mim e por Carlos Loria, e com uma apresentação de Leda Tenório da Motta. O trabalho de tradução conjunta com Carlos Loria durou cerca de sete anos (1993-2000), e está registrado em mais de uma centena de cartas físicas, e publicações isoladas em revistas, jornais, e suplementos literários como *Medusa*, *A Tarde* (Salvador) e *Suplemento Literário de Minas Gerais*. Outras traduções publicadas anteriormente em conjunto com Carlos Loria (como as de "Le cageot", "L'huître"), foram retraduzidas aqui, na busca de uma adequação e uma uniformidade estilística em relação ao conjunto dos textos do livro. Evidentemente, guardam muitos traços das traduções primeiras. A revista *Dimensão*, editada em Uberaba (MG), entre 1980 e 2000, pode ser acessada através do link: http://revistadepoesiadimensao.blogspot.com/ (acesso em 7 de junho de 2021).

CHUVA. PLUIE: A crítica pongiana sempre lembra que o aspecto cíclico da chuva está inscrito na relação anagramática entre *PLUIE/La pluie...il a plu*. Na impossibilidade de reproduzir tal anagrama em português, Carlos Loria sugeriu "CHUVA/A Chuva/houve a chuva", que mantém a ideia de ciclo com a repetição da palavra, e também remete ao aspecto sonoro do poema. Nesta tradução, aliás, procuramos manter a correlação entre a sonoridade das palavras e da sintaxe (do ritmo) e a da chuva, atentando para a presença de termos associados à música (*allure*/andamento; *sonnerie*/repique; *gong*/gongo; *concert*/concerto).

DESÁGUA...CORTINA. *Rideau, réseau*: cortina, rede. Jogo gráfico-semântico não traduzível, pois ambas as palavras contêm *eau*, água.

METEORO. *Météore*: usado aqui no sentido da etimologia grega da palavra, fenômeno da alta atmosfera.

SEGUINDO...SOBREVOA. *Selon/surplombe*: ambos os termos remetem para a atitude quase cinematográfica do olhar, que vai recortando diferentes aspectos da chuva. *Selon* pode ser também "segundo, de acordo com", e "surplomber" se relaciona com "plomb", prumo.

MOIRÉ. *Moiré*: o termo francês vem do domínio da indústria têxtil, mas é usado em português frequentemente no domínio da televisão, quando certos padrões de tecido criam ondulações na imagem.

RELOJOARIA. *Horlogerie*: tanto relojoaria quanto a engrenagem de um relógio (também temos esse duplo sentido em relojoaria, mas ele é pouco usado). O termo aponta para uma visão clássica e mecanicista da natureza, que corresponde a uma estética neoclássica em voga na França do período entre-guerras.

Uma análise aprofundada do texto feita por Inês Oseki-Dépré, "Escrita lúdica: análise semiológica de *Pluie*". Em: *A propósito da literariedade*. São Paulo: Perspectiva, 1990, p. 103-129.

O FIM DO OUTONO / La fin de l'automne (1935)

O outono é a estação favorita dos poetas românticos e tardo-românticos franceses (de Lamartine a Verlaine). O *incipit* (frase de ataque) do poema é um banho de água fria nessa tradição, já que chamar a estação dos "sanglots de l'automne" de Verlaine de uma "infusão fria" é, no mínimo, disfórico.

INFUSÃO. *Tisane*: chá de ervas medicinais, distinto de *thé* (chá, estimulante).

APURAÇÃO. *Dépouillement*: é despojo, renúncia, mas também escrutínio eleitoral.

COMPRESSAS...PERNA DE PAU. *Compresse/jambe de bois*: a neve, que aplica sobre os galhos (das árvores desfolhadas, no inverno) uma "compressa".

ANFIBIGUIDADE. *Amphibiguité*: neologismo formado de *amphibie/*anfíbio e *ambiguité/*ambiguidade.

CONSTITUIÇÃO...RESISTE. *Constitution...résiste*. Provável referência à Resistência francesa.

LUVA DE CRINA. *Gant de crin*: provável referência ao livro *Le Gant de Crin*, de Pierre Réverdy (1926).

ODOR...TRAÇO. *Règle/trait*: *règle* é régua e regra, mas também menstruação (cf. regras). Ou seja, tanto a "regra negra" (o líquido escuro produzido pelas folhas em decomposição) quanto a régua servem ao poeta para riscar um traço. Esse "riscar meu traço" já é uma das marcas daquilo que Jacques Derrida vai chamar de "sig*n*ature" em Ponge. V. Jacques Derrida, *Signéponge*, Editions du Seuil, 1988.

POBRES PESCADORES / Pauvres pêcheurs (1924)

PESCADORES. *Pêcheurs*: pescadores (*pêcheurs*) é homófono, e quase homógrafo, de *pécheurs* (pecadores). A conotação religiosa também é evocada (ironicamente) pelo fato de que os apóstolos de Jesus eram pobres pescadores. O texto ainda conserva o tom satírico dos primeiros textos de Ponge, tom que reaparece em "Restaurant Lemeunier" e "R.C. Seine", neste volume.

SIRGAS... REDES. *Haleurs...impasse*: nos canais franceses, era comum o uso de força humana ou de tração animal para rebocar embarcações, usando cordas ou correntes chamados de sirgas. Os mesmos sirgadores (*haleurs*) trabalhavam na atividade pesqueira para puxar (sirgar) grandes redes. Posteriormente o trabalho foi mecanizado, com *haleurs* dotados de motor para puxar as correntes. O termo *haleurs* aparece no início do "Bateau Îvre" de Rimbaud, e esse trabalho foi retratado por vários pintores impressionistas, entre os quais Boutet de Monvel, "Les Haleurs" (1906) e Monet, "Lieu de Halage à Argenteuil" (1871).

Numa entrevista a Ian Higgins, transcrita na edição de 1999, lê-se: "a técnica de pesca alusivamente descrita: duas fileiras [chaînes] de homens, na praia, puxam pelos dois lados a rede ("impasse") que foi lançada ao mar." (Ponge, 1999, p. 900)

RIA DO REI. *Grau* é um canal ou uma pequena enseada entre um rio ou uma lagoa e o mar. O Le Grau-du-Roi é um pequeno porto e hoje importante centro turístico na costa sul da França, que Ponge costumava visitar nos anos 1920. O termo ria é mais usado em Portugal, onde há rias famosas, como a de Faro, e com certeza neste texto se adequa perfeitamente em termos homofonia e paronomásia.

RUM DAS SAMAMBAIAS / Rhum des fougères (1925)

SAMAMBAIA. *Fougères*. Nome comum a cerca de 13 mil espécies de plantas criptógamas vasculares, encontradas em todos os continentes, e que, no Brasil, recebem o nome de samambaias (em Portugal, fetos, e, mais raramente, filifolhas). A palavra samambaia, segundo o *Aurélio*, se origina do tupi-guarani *ham ābaʾê*, "o que se torce em espiral", mas também pode se originar da fusão de três termos: "ama" (chuva), "mba" (lugar, morada) "y" (água, gota). Também pode se referir aqui, indiretamente, a Fougères: cidade francesa (Bretanha) que fazia parte da "rota do rum" que vinha das Antilhas.

AS AMORAS / Les mûres (1936)

Ponge joga com a homofonia/homografia de *mûres* (amoras) e *mûres* (maduras). Numa das notas do manuscrito do texto, o poeta imaginava substituir os asteriscos por bolas tipográficas que lembrassem as amoras. De todo modo, os asteriscos ainda marcam uma analogia com os frutos. Vale destacar que a amora negra (*Morus nigra*) é mais comum e mais comida na Europa, e tem caroços maiores, enquanto que a amora mais conhecida no Brasil (*Morus alba*) tem sementes pequenas. Existe uma outra variedade silvestre de amora chamada de *ronce* (Rubus fruticulosus) que tem espinhos.

GRÃO DE RAZÃO. *Prend de la graine.* A expressão *en prendre la graine* significa aprender uma lição a partir de alguma coisa ou fato, mas o sentido literal é pegar um grão.

REBARBATIVO...RONCES. Observe-se que o uso de *ronces* remete também à amora silvestre, que é espinhenta.

É FEITO. *Est fait.* Diz-se, de um queijo de caráter forte, *fromage bien fait.* No canto IX de *Os Lusíadas*, lê-se: "As amoras, que o nome têm de amores."

No APPC, lê-se a reflexão póstuma:

Na verdade, a perfeição forçada [factice] *desse poema me enoja. Faltam muitas coisas a essas amoras que fazem parte de sua realidade. Primeiro, as amoras não são compostas de três esferas somente, como o signo tipográfico em questão.*

E o autor segue explicando e descrevendo as características físicas das amoras, para repensar o caráter artificial do seu próprio texto.

O ENGRADADO / Le cageot (1935)

Um dos textos mais famosos de Ponge, "Le cageot" foi objeto de desprezo por François Mauriac, mas converteu-se num clássico escolar. O primeiro parágrafo é, hoje, citado como abonação do verbete *cageot* do dicionário *Le Grand Robert*, o que não deixa de ser uma homenagem à grande pretensão de Ponge: chegar a definições claras. No entanto, vale lembrar que Ponge sugere uma relação etimológica falsa entre *cage* (gaiola), *cachot* (prisão, masmorra) e *cageot*. As três palavras vistas no dicionário, *cageot*, de fato, permanece entre as duas, mas não exatamente "a meio caminho". Todo esse jogo é intraduzível. Seguimos aqui a proposta da tradutora italiana, Jacqueline Risset, que joga com *casetta* (cabana), *cassata* (espécie de bolo de queijo e sorvete) e *cassetta* (caixote). A crítica destaca o aspecto gráfico do texto (entre os parágrafos formam-se espaços como os do engradado). Também se observa que todos os parágrafos começam por uma letra A. A tradução aqui apresentada se baseia naquela anteriormente realizada com Carlos Loria, e que foi citada por Manoel de Barros no poema 11 de *Retrato do artista quando coisa*, (1998), escrito depois da leitura da primeira tradução desse texto, que lhe enviei, e que foi publicada no jornal *A Tarde*.

ARRANJADO. *Agencé. Brisé sans éffort. Sert.* Tais palavras evocam a posição de servil do engradado, que se assemelha à da classe trabalhadora, oprimida pelo capitalismo. Ponge estava envolvido, à época, na luta sindical, além de ser membro ativo do PC. "Agenciado" seria uma boa opção, sobretudo para se pensar no sentido foucaultiano de agência, mas "agencé" se usava no sentido decorativo, para objetos, como arranjado.

MERCADO. *Halles.* O antigo mercado central de Paris se chamava Les Halles, onde hoje se localiza o Forum des Halles.

REPISAR *S'appesantir*: significa insistir (num assunto), mas também tornar mais pesado. Nessa *fórmula* final se condensa a moral poética da fábula pongiana: o objeto deve impor sua retórica.

A VELA / La bougie (1936)

ESFARRAPADO. *Miteux.* Reles, mísero. Mas também uma referência pejorativa a *mite*, mariposa e traça.
É possível que Ponge tenha se inspirado na "Madalena" de Georges de La Tour (1640).

O CIGARRO / La cigarrete (1937-1939)

LUVA INTERMEDIÁRIA. *Manchon.* É tanto a luva (conexão hidráulica que liga dois tubos) quanto o manguito de pele, em ambos os casos, objetos de forma cilíndrica, como a capa de cinza envolvendo a brasa.

A LARANJA / L'orange (1935)

Um texto que revela abertamente uma *signatura*, de acordo com o conceito de Derrida: *éponge* (esponja) contém o nome de Ponge, sua assinatura. Orange é também um nome de um antigo condado francês. Provável referência ao livro *L'amour la poésie* (1929), de Paul Eluard, onde está o famoso poema iniciado com o verso "La terre est bleue comme une orange", um dos grandes momentos do surrealismo francês, com o qual Ponge tinha muitas divergências, sobretudo por considerar que a expressão direta do inconsciente prejudicaria o rigor formal da poesia e no seu embate com a realidade histórica.

TOMAR PARTIDO. *Prendre parti. Opression. Opresseur.* Vistos sob a ótica da ocupação nazista, esses termos adquirem certamente uma conotação política importante no conjunto de textos do PPC.

LARINGE. *Larynx.* O fonema nasal francês de "*orange*" e de "*larynx*" obriga, de fato, a laringe a se abrir para a pronúncia da palavra, e é aí que Ponge introduz o seu cratilismo fonético-semântico, que no português ganha de acréscimo uma proximidade homográfica e homofônica entre laranja e laringe.

RÓSEO. *Rose.* A laranja sanguínea é rosada e é bastante comum nos países mediterrâneos.

SÚMULA EM RESUMO. *Somme toute.* Devido à pontuação francesa, a frase pode ser lida de duas formas: em suma, ela é pequena embora certamente...; ou: soma bem pequena, embora certamente... Optei por aproveitar a proximidade de resumo e sumo (suco), e também do termo jurídico súmula, além da possível leitura de *seja* certa*mente* como seja semente.

A OSTRA / L'huître (1925-1929)

Texto que define todo o projeto estético dos *textes-clos* (textos fechados), também chamados de "sapates" pelo seu caráter breve e alegórico. "L'huître" recebeu do próprio Ponge várias "explicações" nos *Entretiens avec Philippe Sollers*, entre elas a escolha de palavras com acento circunflexo, que lembram a valva convexa da ostra, ou de palavras com próximas a *huître*, como *opiniâtrement*. É evidente a disseminação palavras com encontros consonantais retroflexos br/tr/pr/, que remetem à dureza da ostra e também ao travamento da garganta ao pronunciar a palavra. O poema pode ser lido também numa clave erótica.

CALHAU. *Galet*. V. abaixo, "O calhau".

FÓRMULA...GOELA. *Formule...gosier*. A clausula que fecha o texto é como a moral de uma fábula, moral que remete para a relação entre a coisa (a ostra) e o texto (o poema). Assim como *formule* é uma "pequena forma": a pérola, nomeada indiretamente pelo verbo *perler*, cuja 3ª. pessoa (*perle*) é homônima da coisa (*perle*). A forma verbal, por sua vez, se aproxima do verbo falar (*parler/parle*), daí porque é importante também a presença de *gosier* (goela), palavra que também pode remeter a Rabelais (Grandgousier é o pai de Gargântua, e seu nome é traduzido por Grangorja por Guilherme Gontijo Flores). Numa tradução alternativa, formulei o seguinte final, que fica aqui como uma variante, uma sutura:

Às vezes bem rara uma fórmula perola em sua goela de nácar,
de onde logo se encontra um adorno.

No APPC, lê-se o seguinte texto, posterior:

HISTÓRIA DA OSTRA
I — Antes de toda palavra, o mundo fechado como casco bivalve.
Águas e céus não separados preencheram inteiramente essa ostra.

II — Um dia, para falar, ela quis se abrir, e desde então os céus
de cima os céus de cima se arquearam sobre as águas de baixo,
para não formar outra coisa senão um charco esverdeado que
viveu pouco tempo, fluindo e refluindo para a visão e para o
olfato, mas logo secou e apodreceu.

III — Então os céus comuns entraram por cima sob esse su-
percéu de nácar, e a água comum por baixo com o seu fundo
de cascalho.
...E NINGUÉM SABE COMO DEUS A PREFERIU...

OS PRAZERES DA PORTA /
Les plaisirs de la porte (1933?-1935)

No capítulo dedicado a Ponge em *Por que ler os clássicos?* Italo
Calvino coloca esse texto no centro da poética pongiana. O
texto de Calvino foi originalmente publicado como resenha
à tradução de *Le parti pris des choses* que Jaqueline Risset fez
para o italiano (1977).

NÓ DE PORCELANA. *Noeud de porcelaine.* As maçanetas
(*poignées*) clássicas das portas francesas são ovais e feitas de
porcelana e metal.

AS ÁRVORES SE DESMANCHAM NO INTERIOR DE UMA ESFERA DE NEBLINA / Les arbres se défont à l'intérieur d'une sphère de brouillard (1936)

Esse texto, juntamente com o anterior "La fin de l'automne", já anuncia o tema vegetal que prossegue com "Le cycle des saisons", "Faune et flore" e "Végetation", e, mais tarde se alastraria por toda a obra de Ponge, até culminar em *La fabrique du Pré*. Vejam-se as referência ao vegetal no prefácio deste volume, e também o livro de Paula Vaz: *Não se sai de árvore por meios de árvore*. Ponge-poesia. Belo Horizonte: Cas'a'escrever, 2014.

ESBULHADAS. *Dérobées. Dérober* é roubar furtivamente, mas a etimologia desse verbo, segundo o *Littré*, oscila entre o antigo francês *rober* (roubar) e também *robe* (roupa), de onde vem o segundo significado dessa palavra: retirar a fava que envolve um grão.

APEGAVAM-SE. *Tenaient à*. O verbo *tenir* tem aqui o sentido concreto (as folhas estão agarradas às árvores) mas também afetivo (apegar-se a). O objeto indireto (às árvores) está elidido na tradução.

O PÃO / Le pain (1927-1937)

TAURO. *Taurus*. Cordilheira do Tauro, na Turquia.

ASSIM É QUE. *Ainsi donc*. Mais uma vez, Ponge volta à cosmogonia, comparando o pão ao planeta terra, tema que será desenvolvido em *Le galet*.

CORTEMOS . *Brisons-là*. Significa tanto quebrar/romper o pão num certo ponto, quanto romper/interromper uma conversa. O gesto de cortar o pão remete à cena da santa ceia.

CONSUMO. *Consommation*. Tanto tem o sentido profano e econômico (consumo) quanto religioso (consumação), evidentemente com referência à hóstia e ao pão da última ceia. Para compensar a impossibilidade de manter essa polissemia, incluí, na frase final, o termo "veneração", no lugar de "respeito". No original se lê: "moins objet de respect que de consommation".

O FOGO / Le feu (1935)

Os efes do texto sugerem um grafismo que imita tanto o fogo quanto a girafa. Esse tipo de jogo tipográfico cratiliano é uma das assinaturas de Ponge, e pode ser visto, por exemplo, na comparação que faz entre o apóstrofe e a gota d'água em *O copo d'água* (*Le verre d'eau*).

RIBALTA. *Rampe*. Tanto rampa quanto ribalta (teatro): fala-se em "les feux de la rampe" (luzes da ribalta). Não confundir com o verbo "ramper", usado no segundo parágrafo ("rampe des pieds"), rasteja com os pés, que também parece remeter à figura heráldica do leão rampante.

No APPC, lê-se a variante de 1935:
O fogo é uma classificação.
A redação inicial do primeiro parágrafo terminava, no manuscrito, com: "*se dirigem para alguma coisa ("só se pode...*"

O CICLO DAS ESTAÇÕES / Le cycle des saisons (1927)

Um texto do ciclo vegetal, que retoma "O fim do outono" e reforça a unidade do livro.

PALAVRAS. *Paroles*. Ecos de "Correspondances", de Baudelaire, em que a natureza é descrita como "um templo em que vivos pilares/deixam escapar às vezes confusas palavras".

COM MEIOS DE ÁRVORES. *Par de moyens d'arbres*. *"L'on ne sort des arbres par des moyens d'arbres"*. Provérbio (inventado por Ponge) retomado em "Faune et Flore", mas lá usando o singular: "l'on ne peut sortir de l'arbre par des moyens d'arbre" (não se pode sair da árvore com meios de árvore). A construção mais usual em francês é "moyen de + singular", mas Ponge usa aqui deliberadamente o plural, para insistir no caráter plural de "as árvores" (ao mesmo tempo, um caráter singular, oposto à ideia de um universal). Cf. Paula Vaz: *Não se sai de árvore por meios de árvore*. Ponge-poesia. Belo Horizonte: Cas'a'escrever, 2014, p. 106.

O MOLUSCO / Le mollusque (1928-1932)

É um dos quatro textos dedicados aos moluscos, além de "L'huître" e "Escargots" e "Notes pour um coquillage".

ESCRÍNIO. *Écrin*. Essa passagem retoma e remete ao interior da ostra em "L'huître".

MOLA COIMBRA. *Blunt*. Trata-se de uma marca de sistema de mola hidráulica para o fechamento automático de portas. No Brasil, o equivalente seria a marca Coimbra.

PAGURO. *Pagure*. O Paguro, mais conhecido como caranguejo-ermitão ou bernardo-eremita, é um crustáceo que vive nas conchas vazias dos moluscos. Esse simpático animal reaparece em outros textos de Ponge (como "Notes pour um coquillage") como alegoria do leitor.

ESCARGOTS / Escargots (1936)

Para muitos, trata-se do primeiro "texto aberto" de Ponge, que vai progressivamente transformando seus textos em "canteiros de obras", com muitas *reprises* (retomadas) de uma ideia inicial sobre uma coisa, retomadas nas quais a observação da coisa e da sua relação com a linguagem dá lugar à *observação da observação*, transformando-se num "fragmento metatécnico" (*My creative method*) em que a coisa e o fazer do texto sobre a coisa estão implicados num processo reflexivo (cf. "Vegetação" e "O calhau", neste volume). A primeira versão da tradução que fiz com Carlos Loria foi publicada na revista *Gárgula* (n. 1, Brasília, 1997), com o título "Caracóis", que foi retraduzido por Ignácio Neis e Michel Peterson na edição do PPC em 2000. Uma passagem do penúltimo parágrafo ("Aceita-te como tu és. De acordo com teus vícios. Na proporção de tua medida.") foi citada por Bernardo Carvalho em *Nove Noites* (2002). Na resenha que publicou em 18/3/2000 (*Folha de S. Paulo*, Ilustrada) sobre *O partido das coisas*, Bernardo Carvalho cita uma longa passagem desse mesmo texto, seguindo a tradução de Neis/Peterson. Sempre vale a pena confrontar esse texto com o "Snail" de Marianne Moore — ambos, aliás, leitores de La Fontaine.

ESCARGOTS. *Escargots*. O escargot francês é um dos diversos tipos de caracóis, que são gastrópodes pertencentes ao filo dos moluscos. Contrariamente a outros caracóis, os escargots são comestíveis, e constituem uma das iguarias mais típicas da culinária francesa (se não for a principal). Usamos aqui o termo francês no início, e sem seguida passamos ao termo genérico caracóis.

ESCÓRIAS. *Escarbille*. Resíduo de carvão ou de minérios calcinados pelo fogo. Ponge joga aqui com a paronomásia (ambas as palavras se iniciam por *escar-*).

GO ON. Go on. O uso do inglês serve de grafismo cratiliano para associar as letras à coisa.

TON SUR TON. *Ton sur ton*. Literalmente, tom sobre tom, expressão usada na pintura e na decoração de interiores (no Brasil se usa o termo tal e qual).

AR DE RESERVA. *Quant-à-soi*. Essa locução substantiva, que é literalmente um "quanto a si", significa uma atitude reservada, um distanciamento, mas inclui aí uma marca de subjetividade forte. A tradução mais fiel seria "ar reservado", mas acredito que a forma desenvolvida "ar de reserva" não apenas significa o distanciamento, mas também cria o outro sentido, literal, que que a concha guarda um ar (oxigênio) de reserva, perfazendo em outo local a ideia de espessura semântica que Ponge cria em seus jogos polissêmicos. Isso sem contar a rima interna.

APRÈS MOI LE DÉLUGE. Après moi le déluge. A frase "Après nous, le déluge" (depois de nós, o dilúvio) é atribuída a Madame de Pompadour, amante de Luís XIV, antecipando o colapso do regime feudal francês. A forma "Après moi, le déluge" é também atribuída ao próprio Luís XIV.

21 mars. Este é o único texto datado do volume. Em maio de 1936, o Front Populaire (frente de esquerda) vence as eleições na França, trazendo grandes esperanças. Ponge participava dos comícios do FP desde dezembro de 1935. Com a invasão nazista, o governo socialista é retirado violentamente do poder, e se inicia o regime colaboracionista de Vichy, comandado pelo Marechal Pétain, que será condenado à morte após a guerra.

No APPC, lê-se a seguinte transcrição do manuscrito de 1936:

Justiça para o escargot! Esse animal vale mais que o seu peso em catarro.

Freio como este, extensível, de um cinza às vezes esverdeado de sua carapaça natal difícil de extirpar, ele tem para si esses olhos tão sensíveis, esse porte de cabeça maravilhoso, e a beleza desse beijo que todo o seu corpo dá à terra, que ele honra, aliás, pagando o preço de quanto esforço, de um deslizar perfeito, — como um largo navio, de rastro prateado.

2 de março de 1936

A BORBOLETA / Le papillon (1936)

Superfétatoire. Supérfluo. Do latim *superfetatione*: a possibilidade (contestada no século XIX) de um óvulo ser fecundado duas vezes. O termo remete às duas vidas da borboleta.

No APPC, leem-se duas variantes, sendo a primeira esta:

A borboleta, fósforo inflamado, tem a cabeça negra e o corpo afinado pelo lançar-se das asas.

A borboleta é uma lagarta antes de sua inflamação. Cabeça e corpo de cores recortadas. Mas as flamas farão esquecer-se de tudo isso.

É pela cabeça que ela pegou. Verdadeira explosão. Logo cega e largada negra.

Desde então a borboleta errante só pousa ao acaso da fadiga de seu percurso, ou algo assim. Ela se deleita. Ela se vinga no topo das flores da longa humilhação amorfa de lagarta ao pé dos caules.

Quem riscou o fósforo para acender a borboleta? A idade, o tempo, de repente a erosão do tempo atingiu o lugar de uma mola que saltou.

2 de março de 1936

O MUSGO / La mousse (1926-1928)

MUSGO. Mousse. Além de ser musgo, *mousse* também é qualquer substância cremosa, como a nossa *mousse* de maracujá. Há duas referências importantes para este texto: O provérbio "Pierre qui roule n'amasse pas mousse" (literalmente: pedra que rola não junta musgo) e a locução "se faire de la mousse" (preocupar-se).

ALFAIATES. *En tailleur.* A expressão *s'asseoir en tailleur* equivale à posição de sentar-se no chão de pernas cruzadas (como no yoga).

ESPONJA. *Tissu-éponge.* Outra signatura (v. "L'Orange", notas).

O *tissu-éponge* é uma pequena toalhinha feita de tecido, que cobre as mãos como uma luva, e é um objeto ordinário do asseio francês.

BORDAS DO MAR / Bords de mer (1933)

Aqui, como em "Le Galet", Ponge usa e abusa das lições extraídas do *Traité de Géographie Physique*, de Emmanuel de Martonne, um dos livros fundamentais da sua biblioteca, assim como o *Littré* e a Bíblia Protestante paginada em duas colunas, herança do seu pai.

BORDS DE MER. *Bords de mer*. A tradução mais corrente seria beiras do mar, ou simplesmente costas. Mas há uma ênfase no texto na polissemia e nas contiguidades lexicais de bordas (bordo, abordar, abordagem etc.)

FOLHEIA E DOBRA. *Corne*. Corner é fazer uma marcação de leitura em um livro, dobrando um canto de página.

O DESTRUIDOR. *Le destructeur*. Um dos epítetos de Netuno.

FLUXO. *Flot*. É também sinônimo de *vague* (onda), mas está em concordância de gênero com *mille homonymes seigneurs*, mais abaixo. Como em "Le galet", alude-se a uma relação de sedução entre os "senhores" (fluxos, "flots"), que representam o mar, e as suas bordas.

CALHAUS. Cailloux. V. "O Calhau", notas.

CAMPONÊS DO DANÚBIO. *Paysan du Danube*. Personagem de uma fábula de La Fontaine (atribuída a Marco Aurélio):

um bárbaro germano que vem falar aos romanos no senado e não decepciona.

FREIO...ONDAS. *Frein...flots.* Citação indireta de um verso de Racine (*Athalie*, I, 1): "Celui qui met un frein à la fureur des flots/Sait aussi des méchants arreter le complot" (Quem sabe por um freio ao furor dos seus fluxos /Também dos traidores conterá os impulsos)

No APPC encontra-se um longo manuscrito, do qual transcrevemos algumas passagens que elucidam o texto final:

[...]
Ares folheantes, ares folhetins,
Dobras de canto de página do volume marinho, Atóis micachistosos.
Desenhos profundos, entre quatro paredes, nada é conhecido.
Folhetim das bordas de uma espessura.
*
[...]
Profundos cadernos de estagnação berço, pisemos o calhau.
*
Concorres comigo.
*
Oceanos encaracolados de carneiro.
*
Poeira, espuma de gelo, cristais muito divididos e vistos à contraluz. Lâminas do sabão lux, sob o pilão o celofane branqueia.
*
Ó profundos ainda não fostes lidos.
[...]

A frieza dos mares compensa seus saltos, suas deformações, sua estranheza, sua monstruosidade.

*

Um copo de água pura com uma borra de rochas e de vegetais no fundo.

*

Todas as suas bordas.

Assim então em pleno mar se podemos conhecer o folheto da superfície ao passo que nas bordas ao menos se percebe, temos uma percepção resumida do seu fundo. O ar apenas superficialmente folheia e dobra o canto das páginas dos voluminosos tomos marinhos. Enquanto que a terra mergulha obliquamente até sua guarda rochosa grandes facas terrosas que habitam a espessura. Às vezes, de encontro a um músculo enérgico uma lâmina ressai pouco a pouco: é o que se chama de praia. Por toda parte aliás essas longas espadas apenas mostram suas conchas rochosas. Mas todavia repitamo-lo, mesmo pela mais perfurante tempestade o enorme caderno azul não pode ser lido. Esses registros úmidos que oponho aos negros e impalpáveis mas entretanto em forma das minhas classes sobre os braseiros da minha moradia, a tempestade os manuseia contudo em pacotes de folhetos, vira e revira os maços de folhas ao mesmo tempo. Sua cólera faz baterem todas as portas de seu apartamento. Os bibelôs se quebram, o mobiliário.

*

O mar se move como a fauna. A vaga, a onda se desdobra à vista como a flora.

*

Ondas sujas de terras, os restos jogados, os vidros, as pedras coloridas, os broquéis arredondados, mosaico de muitas

dimensões, omeletes de peixes e caranguejos, rolhas de cortiça,
toras negras. Belas sujeiras, manchas de mar.
*

Penumbra de Netuno.
[...]

DA ÁGUA / De l'eau (1935)

Provavelmente uma reação de Ponge a um texto de Paul Valéry, "Louange de l'eau", publicado numa brochura das águas Perrier em 1935 (cf. Ponge, 1999, p. 910), na qual Valéry elogia, na água, a vida e o *élan*. Não à toa, Ponge fala, em contraste, do peso da água. Texto traduzido por Jorge Luis Borges na revista *Sur*, n. 147/148/149, em 1947 (no mesmo ano de "O livro de areia").

GRAVIDADE...*Pesanteur*. A mesma palavra expressa em francês as ideias de peso e gravidade. Em sua tradução, Borges distinguiu o primeiro do segundo usando a maiúscula na segunda ocorrência, relativa ao líquido. Mantivemos aqui gravidade na primeira ocorrência ("joga com a gravidade"), e peso nas demais ocorrências.

TEREBRANTE. *Térébrant*. Termo de origem médica: perfurante, excruciante.

PARA O LADO DE CÁ. *De ce côté-ci*. Uma anfibologia de que se transforma em metalepse narrativa: o dêitico no fim do texto confunde a água mencionada no texto com a água que parece ameaçar invadir o texto. Cf. Julio Cortázar, "La continuidade de los parques", em que um narrador fala de um assassino que no final virá matá-lo. No já mencionado "Livro de areia" de Borges também temos uma metalepse sugerida no livro infinito, que tragaria todos os demais livros, se não fosse escondido em uma biblioteca.

O PEDAÇO DE CARNE / Le morceau de viande (1931-1932?)

Uma alegoria do homem?

O GINASTA / Le gymnaste (1934)

Os dois primeiros parágrafos do poema fazem uma associação cratiliana das letras *G* e *Y* (com serifas) com a cabeça e a virilha do ginasta, que só poderia ser traduzida em português usando a grafia antiga da palavra, como fiz anteriormente na tradução assinada com Carlos Loria. No entanto, isso gera um novo problema: Ponge jamais admitiria algo como o uso de uma grafia antiga, ainda mais para uma palavra de uso corrente. Tentamos, então, tomar o partido da língua portuguesa (como em "O engradado"). Sartre ("L'home et les choses", 1944) criticou nesse texto (e também em "La jeune mère") uma tendência em Ponge a animalizar o ser humano. É possível pensar o texto, no entanto, como uma sátira do artista que se volta exclusivamente para si mesmo e para o seu "exercício", alienado do mundo e das coisas. Por outro lado, não se pode esquecer que o ideal do corpo atlético e da ginástica nos anos 1930 foi usado pelos nacional-socialistas (e seus sequazes mundo afora) como parte do ideal ariano.

A JOVEM MÃE / La jeune mère (22/2/1935)

Armande Ponge, filha única de Francis e Odette, nasceu em 16 de janeiro de 1935. Para Odette, Ponge dedicaria um de seus textos mais belos, "La chêvre" ("A cabra", cf. o prefácio deste livro). No ensaio "O Homem e as Coisas"(1944), Sartre censura Ponge por objetificar a figura clássica da madona com o bebê, e apresentá-la "mais como um polipeiro do que como uma mulher". É verdade que o bebê (Odette) aparece reduzido a um "objeto próximo", mas Ponge parece querer chamar a atenção para as transformações do corpo feminino, e de como ele se reintegra ao seu espaço.

BROQUEL. *Pavois.* O sentido original do termo é escudo. Os reis de França eram carregados em grandes *pavois* (escudos) depois das batalhas, e daí terá derivado o sentido de pavilhão (bandeirolas usadas em navios), que cria uma interessante analogia entre o "grande corpo" e um navio. Ponge parece estar se referindo aqui às roupas lavadas no varal (vale lembrar que as fraldas de bebê eram todas de pano e tinham que ser lavadas constantemente). O termo broquel (escudo ou brasão) também homenageia, aqui, o poeta Cruz e Sousa.

No APPC há um dossiê com alguns manuscritos de Ponge a propósito desse texto capital para se entender a relação entre o homem e o escritor: a intimidade e a circunstância aqui se apresentam de maneira bem clara. Nos manuscrito 3 e 4, de 10/3/1935, bastante rasurado, lê-se:

[A jovem mãe]
[3]

Seu grande corpo evolui apertado entre um broquel útil a toda
altura dos quadrados brancos das roupas lavadas, ~~que ela~~
~~toma~~ *que a sua mão livre toma às vezes, amassa, tateia com*
sagacidade, para estendê-las ou dobrá-los a seguir, conforme
os resultados do seu exame.
[4] [correção simplificadora de 16-3-39]
Em outros momentos ~~seu grande corpo~~ *ela evolui apertada entre*
[os ~~broquel útil~~ *quadrados brancos de roupa estendida], que a*
sua mão livre toma às vezes, amassa, tateia com sagacidade,
para estendê-las ou dobrá-los a seguir, conforme os resultados
do seu exame.

R. C. SEINE NO. / R. C. Seine No. (17/8/1934)

R. C. SEINE No. *R. C. Seine No. (Raison Commerciale No.*)
era o timbre da Messageries Hachette, onde Ponge trabalhou
como empregado de 1931 a 1937. A função da Messagerie
era processar e distribuir em grande velocidade os impressos
(jornais, revistas, e livros) a assinantes. Numa carta a Gabriel
Audisio, Ponge compara a Messageries a uma penitenciária.
Ao contrário de muitos intelectuais de seu tempo, Ponge
era um modesto empregado do setor de serviços, e, aliás,
atuante sindicalista.

FLIT. *Fli-tox.* Nome de um inseticida inglês que se vendia
com o vaporizador manual metálico. No Brasil, até meado dos
anos 1980,um produto semelhante, o Flit, era comercializado,
antes de ser substituído pelos sprays.

ROXOS . *Mauves.* Referência provável à cor da tinta do papel
carbono, usado para fazer cópias de notas e recibos.

Turba ruit ou ruunt. A multidão se lança, exemplo clássico de latim, para mostrar como certos nomes coletivos permitiam a dupla concordância.

O RESTAURANTE LEMEUNIER NA RUE DE LA CHAUSSÉE-D'ANTIN / Restaurant Lemeunier rue de la Chaussée-D'Antin (1931-1934)

O restaurante Le Meunier (Ponge grafa Lemeunier) estava localizado na Rua De La Chaussée-D'Antin n. 46, mas já não existe (o local hoje é parte das Galéries Lafayette). Tratava-se de um desses restaurantes parisienses populares que foram desaparecendo na era do *fast food*.

VERONESE...MANET. Veronèse...Manet. Referência aos quadros *Núpcias de Canaã* (Veronese, no Louvre) e *Bar aux Folies-Bergère*, de Manet (1881).

NOTAS AZULADAS. *Billets bleus.* Notas de cem francos.

NOTAS PARA UMA CONCHA / Notes pour um coquillage (1927-1928)

Paul Valéry publicou em 1937 o ensaio *L'homme et la coquille* (retomado em *Varieté*), mas o manuscrito de 1927-1928 é praticamente idêntico ao texto publicado (Ponge, 1999, p. 923), e havia sido enviado a B. Grothuysen, que elogia Ponge por ver na concha um "microcosmo" (Ponge, 1999, idem).

TIARA BASTARDA...NAVALHA. *Tiare bâtarde...couteau.* Segundo o *Littré*, tipos de conchas de moluscos, marinhos a primeira em forma de voluta, a segunda, de faca (conhecida no brasil como navalha).

SAINT-MACLOU. Igreja em estilo gótico em Rouen.

NÎMES. Cidade greco-romana próxima a Montpelier, onde Ponge nasceu. Em *Comment une figue de paroles et pourquoi* (1977), Ponge assina seu nome em latim, assim: FRANCISCUS PONTIUS, NEMAUSENSIS POETA, ou seja, poeta de Nîmes.

FARÂNDOLA PROVENÇAL. *Foule Provençale*. A expressão contém as iniciais F.P. São um dos modos como Ponge assigna seus textos (conforme Derrida, ver acima).

RAMEAU... MALHERBE. Jean-Philippe Rameau: Compositor barroco (ou pré-classicismo) francês, que Ponge cita e analisa em diversos momentos de sua obra. François Malherbe: Poeta do período barroco francês, a quem Ponge dedicou um longo ensaio poético, *Pour um Malherbe* (1952).

LAMINADORES. *Laminoirs*. Máquina usada na siderurgia para produzir lâminas de lata e aço, o termo foi usado por G. Flaubert em *Madame Bovary*, num dos raros momentos em que o narrador se intromete na sua narrativa: "a palavra é um laminador que sempre alonga os sentimentos" ("la parole est un laminoir qui allonge toujours les sentiments").

AS TRÊS LOJAS / Les trois boutiques (1933-1934)

Um texto que retoma outros, como "Um pedaço de carne", e anuncia a discussão do vegetal e do mineral ("Le galet"), o que faz do título uma alegoria aos três reinos da natureza. Na praça Maubert (não muito longe da casa de Ponge então, 34 rue Lohmond), fiava a Mutualité, onde eram comuns as reuniões sindicais nos anos 1930. Nessa época, eram comuns as lojas que vendiam lenha e carvão para aquecedores, como a loja Bernot.

FAUNA E FLORA / Faune et flore (1936-1937)

Repercutem aqui fortemente algumas ideias de Henri Bergson sobre o determinismo da vida vegetal que aparecem em vários momentos de *A evolução criadora*). Mas, para além de Bergson, Ponge acrescenta ao vegetais o tema da expressão e da linguagem, num texto que já tem as características de "canteiro de obras", com sucessivas retomadas do mesmo tema. Cf. o posfácio "Ponge, hoje", sobre o tema do vegetal no PPC e na obra de Ponge.

SERES ANIMADOS. *Êtres animés*. É curioso que Ponge use esse adjetivo, que se adequa mais aos animais do que aos vegetais. O sentido é, portanto, de *vivos*.

NÃO SE PODE...COM MEIOS DE ÁRVORE. *L'on ne peut pas sortir de l'arbre par des moyens d'arbre*. Essa frase retoma outra de "Vegetação" (cf. as notas a "Vegetação).

CONDECORAÇÃO. *Décoration*. Pode ser decoração, mas aqui (por causa de "à l'ancienneté" (por antiguidade) está mais para condecoração (a Croix d'Honneur é conhecida como "la décoration")

EXCRESCÊNCIA. *Excroissance.* Aqui no sentido de uma protuberância (do latim *ex*, para fora, e *crescor*, crescer).

TRAMA. *Canevas.* Trama, ou talagarça, tela que se usa em bordado, mas também um plano traçado, e que não pode ser modificado.

ARREPENDIMENTOS. *Repentirs.* Também é um tremo editorial, e significa a substituição de um termo por outro no processo de revisão de provas finais.

LANÇADO. *Paru.* O verbo *paraître* (aparecer) e seu particípio passado *paru* (aparecido) são usados como termos editoriais e literários: publicar, publicado.

TABLEAUX-VIVANTS. O *tableau-vivant* é um tipo de arte bastante usada no final do século XIX, misto de espetáculo teatral e pintura, em que os atores ficam parados para imitar um quadro famoso. Foi retomado pelo cinema, em filmes como *La Ricotta*, de P. P. Pasolini, e *Passion*, de J-L. Godard.

No APPC encontramos um "Plano para Fauna e Flora", manuscrito riscado:

I. Entre o solo e o céu ocorre o fenômeno vegetal, aprestam--se os aparelhos vegetativos, retirando de um e do outro o seu alimento.

II. O que caracteriza o vegetal em relação ao solo e ao céu (mundo mineral) é uma riqueza de reações químicas no protoplasma que é chamado de vida.

III. O que distingue a vegetação da animação está em razão antes de mais nada dessa alimentação, a imobilidade dos aparelhos vegetativos e de sua vida reduzida ao desdobrar-se: é nesse ponto que vamos insistir.

O CAMARÃO / La crevette (1933)

Esse texto será retomado e ampliado em *Pièces*, no texto "La crevette dans tous ses états", traduzido por Leda Tenório da Motta em *Francis Ponge: o objeto em Jogo* (Fapesp/Iluminuras, 1999), como "O camarão à toda". Nessa mesma obra há uma análise mais detida deste texto e de sua variante. Assim como no caso da "não-justificação" dos vegetais, a "danação particular" dos camarões reflete ironicamente uma discussão existencialista, mais particularmente na vertente cristã do existencialismo, em voga nos anos 1930-1940. Ponge, ao contrário, se aproxima mais do "absurdo" camusiano: na versão posterior do Camarão, Ponge falara da sua "mort en rose" (morte rosada), brincando com a canção de Piaf (*La vie en rose*). Por outro lado, ele se aproxima de Bergson, ao falar de "representações exteriores", da analogia dos camarões com sinais de pontuação e imagens produzidas pela vista, e, enfim, da "cinemática", ou seja, na teoria do movimento.

FAZEM UM...DE UM. *Font l'un...d'un*. A inversão sintática (hipérbato) situa "objeto" antes do "animal".

CONDENADO. *Gibier. Gibier* é caça (animal caçado), mas aqui se trata de um jogo com a expressão *gibier de potence*, o condenado que já tem "a corda no pescoço".

VEGETAÇÃO / Vegetation (1932)

Nas notas da edição Pléiade (Ponge, 1999, p. 916) lemos que René Magritte ficou impressionado com esse texto, que ele leu na revista N.R.F em 1932 (na mesma edição, apareciam textos de Robert Aron, Henri Lefebvre e Paul Nizan).

HIFENS . *Trait d'union*. A analogia com o sinal gráfico usado na composição de palavras é parte do já mencionado cratilismo pongiano.

METEORO. *Météore*. Esse termo aparece em "Chuva". Na verdade, "Vegetação" conecta dois textos, "Fim do outono" e "Chuva", aos demais temas do vegetal — o que demonstra o caráter "orgânico" do livro.

O NOME DE VEGETAÇÃO. *Le nom de végétation*. No verbete *végéter*, o *Littré* observa que que o termo latino vegetare teria o sentido de "donner le mouvement, augmenter, fortifier, et aussi au sens neutre de croître, se développer" (dar movimento, aumentar, frtificar, e também o sentido neutro de crescer, deselvolver-se).

PARALELEPÍPEDOS DA SORBONNE. *Pavés de la Sorbonne*. O pátio central da Université de Paris I (Sorbonne) ainda conserva os paralelepípedos, que alegorizam o caminho do conhecimento e da erudição (que Ponge satiriza aqui, ele que não foi aceito no curso de Filosofia da Sorbonne por reprovar na prova oral). Em maio de 68, esses paralelepípedos serviram de arma contra a dura repressão policial do movimento estudantil e operário.

No APPC encontramos uma "continuação" desse texto:

Aí estão os aparelhos de uma invenção e de uma organização maravilhosas, mas sua disposição na superfície do globo é deixada à mercê do vento que leva para cá e para lá os grãos de onde eles se desenvolvem. Que derrisão e que insolente mentira! Todo mundo admira que certos insetos se encarreguem de levar à flor onde eles trabalham a semente que a fecundará. Mas antes ninguém se indigna que essa planta nasça aqui, entre essências hostis que ela não pode evitar e que a podem sufocar. Tudo ocorre na verdade como se a natureza se desinteressasse de suas criaturas depois de estarem produzidas, e as abandonasse sem se preocupar com seu destino, depois de haver colocado todavia, em cada uma delas, uma vontade de viver que lhes faz imaginar no desespero mil expedientes, mil vãos aperfeiçoamento de seu organismo. Que estetismo, que esplêndido desprendimento! Em toda a parte a dor em consequência, em toda parte as paixões!

[...]

O CALHAU / Le galet (1928-1942?)

Esse texto fecha o ciclo mineral do livro, que se inicia em "Pluie", ao mesmo tempo que fecha o livro. Trata-se, para Ponge, de realizar um de seus ideais, o da cosmogonia poética, cujo modelo ele buscou em *De rerum natura*, de Lucrécio. A leitura da obra do geógrafo Emmanuel de Martonne foi sem dúvida decisiva para Ponge. Em *Le Savon*, publicado nos anos 1960, Ponge retoma, de certa forma, o calhau, e propõe que o sabão lhe convém mais como ideal de dissolução total em seu meio, para formar bolhas retóricas.

CALHAU. *Galet*. Carlos Loria publicou em 1994 uma tradução em plaquete intitulada *O Seixo* (Salvador: Audience of One), que foi retomada e retraduzida por Neis/Peterson. *Galet* tanto pode ser seixo (mais comum, no Brasil, como pedra de jardim, seixo rolado), sinônimo de calhau, ou cascalho. Tanto o seixo quanto o cascalho são arredondados, mas o seixo é menor. As praias do sul da França (que Ponge frequentou desde a infância) são, em sua maioria, praias de calhaus. O termo "praia de calhau" é usual na Ilha da Madeira e em Cabo Verde, onde esse tipo de formação geológica é mais comum, e mais parecida com as da costa do Mediterrâneo, mas também ocorre na província portuguesa de Estremadura (em Sesimbra, há uma notável praia de calhaus). Optei por calhau não apenas pela sonoridade (e para evitar a conotação pejorativa associada a seixo), mas também por uma questão etimológica: *galet* pode ter-se originado do termo celta/gaulês *gallos* ou *gal* (pedra) que também origina *caillou*, termo genérico para qualquer pedra pequena. A possibilidade de um falso parentesco etimológico entre galet e gaulois (gaulês, ou seja, o francês aborigem) não terá escapado a Ponge. O termo calhau nos vem então a calhar, já que se origina do francês *caillou*, de origem celta, ao passo que seixo vem do latim *saxum*. Tanto seixo quanto cascalho seriam opções, mas o cascalho é um termo usado na construção civil, e fabricado industrialmente e em algumas regiões do Brasil seixo significa prostituta ou calote.

MASSEIRA. *Pétrin*. Suporte onde se prepara a massa do pão. Ao contrário do que parece, a palavra não provém de pedra, mas sim do latim *pinsere*, pilar, segundo o *Littré*. Essa palavra e toda a imagem em torno dela é retirada de "Le pain". Só que, se lá o pão serve de metáfora para o planeta, aqui é a origem do planeta que é comparada a um pão: surgido de um "avô enorme" (uma grande matéria em explosão) o planeta é um aglomerado confuso e ardente de matéria (o herói) removendo-se na masseira universal, até que, aos poucos, vai se resfriando e formando a terra. Mas a terra conservará sempre no seu interior um pouco daquele herói antigo (o magma), e também continuará o processo de fragmentação contínua (como acontece com o pão, que se torna mais e mais friável).

LAJOTAS. *Dalles*. Lajota, revestimento retangular para pisos, aqui usado metaforicamente para descrever grandes maciços rochosos (placas tectônicas) que revestem a superfície da terra, e que dão a impressão de serem um contínuo, mas são fragmentados. Ponge usa o termo religião para descrever o modo como a vegetação se entrelaça nessas placas, ideia que se desenvolve no parágrafo seguinte.

DONAS ABATIDAS. *Femmes abattues*. Mulheres abatidas, isto é, as ondas. Uma versão anterior manuscrita trazia "femmes étendues" (mulheres estendidas). Em todo este período, desde "Non loin de là", as inversões sintáticas e o uso dos pronomes torna a leitura (e a tradução) bastante difícil. Entendemos assim: o mar arranca blocos da superfície costeira (gigantes de "joelhos rochosos" que assistem aos "esforços espumosos" das ondas), e os vai fragmentando e polindo, até que o devolve como uma "drágea" (calhau) que ele retoma para polir ainda mais.

MEMÓRIA. *Mémoire*. Mais um eco de *Matéria e Memória*, de Bergson: em nossa memória profunda se guarda a origem do universo.

DOUTO ESPIRITUOSO. *Homme d'esprit*. Significa tanto um douto, intelectual, quanto espirituoso.

EMPETRA. *Empetra*. Todo a clausula (ou fórmula, como em "A ostra") final joga sobre paronomásias e homofonias, e sobre a falsa etimologia de "empêtrer" (enredar-se, confundir-se), que não vem do latim *petra*, como se acredita, mas de *pâture*, pasto.

No APPC encontram-se duas cartas a propósito do manuscrito deste texto. Uma é de Bernard Groethuysen, filósofo amigo de Ponge, e um de seus primeiros leitores, e a outra uma resposta de Ponge. Transcrevemos algumas partes significativas para o entendimento do texto traduzido.

Caro amigo,
Estou feliz de encontrá-lo em *O Calhau* tal como és e como gosto de ti. Só tenho uma ou outra questão, entre outras, esta: em que medida a fenomenologia poética comportaria comparações e metáforas?
[...]
B. Groethuysen

Caro amigo,
A propósito do calhau, me perguntas "em que medida a fenomenologia poética comportaria comparações e metáforas?" Penso que na medida em que ela se concebe como um conhecimento não exato.
Não gostaria que pensasses, e creio não ser possível, que todo o Calhau seja uma única "metáfora continuada". Sendo essa explicação certamente falsa afastada, eu me explicaria dizendo que, se para exprimir *algumas* das "idéias que me vieram pela percepção sensível"* (qualidades desse objeto)

119

eu recorri a metáforas, foi sem dúvida como outras mentes, diferentes da minha, teriam recorrido a outras *figuras*, por exemplo, a *Ironia*.

Se a fenomenologia poética se considerasse uma ciência exata, se ela concebesse as ideias de que ela se compõe como (*verdades*) ou *realidades*, a metáfora não teria lugar nela, ou então apontaria para alguma imperfeição na obra prima fenomenológica.

Mas como, quanto a mim, sempre quis desafiar a ideia de que "uma única expressão seja válida", uma "linguagem absoluta" possível, e como eu penso, tal como você escreveu bem a propósito do meu primeiro livro que as *palavras* e as *ideias* fazem parte de dois mundos separados, penso também que as *coisas*, e as *ideias* que a percepção delas faz nascer em nossa mente, também fazem parte de dois mundos impossíveis de se reunir. (E consequentemente mil *sentimentos*, mil *morais*, mil *vícios e virtudes* humanos, mil *políticas*, etc.)

É por isso que, havendo sido levado, pela abundância e pela força (*necessidade*) das ideias que me ocorreram a propósito do Calhau, a tentar exprimi-las — e todavia empreendendo que essas ideias, por mais *necessárias* que elas fossem (e isso sem nenhuma dúvida), todavia, não eram tão *verdadeiras* assim (nem por consequência *suficientes*) — minha mente foi naturalmente levada a dar conta delas, e, com algum engenho, dessa disposição de espírito.

Se meu espírito fosse verdadeiramente "filosófico", não há dúvida que a figura que eu teria inconsciente usado seria a Ironia ** Mas como uma certa *paixão****, pelos objetos que ele propõe a si, um certo calor de espírito (Entusiasmo poético) pode ser lamentável, mas por quê?, como isso tudo lhe é natural, é à metáfora (mais ainda que à simples Comparação) que ele recorre para indicar as suas *reservas* (em todos os sentidos da palavra) e mesmo suas ameaças****.

A grande questão é saber se essas figuras, por suas qualidades próprias, terão acrescentado, ou, ao contrário, retirado a força dessa espécie de proposição de valores que, por sua própria existência (no mundo? ...em minha mente?), e sua tendência à expressão, — mas sem a conceber de modo algum como uma moral —, o calhau tenta.

[...]

F. Ponge

* Não há aí uma definição da fenomenologia?

** "Se eu tivesse que escolher que escolher uma entre as mil figuras, a exemplo de Sócrates, que tomou para si a *ironia*, não seria a *metáfora continuada* que responderia à minha inclinação" (Bayle)

*** "A tragédia admite as metáforas, mas não as comparações: Por quê? Porque a metáfora, quando ela é natural, pertence à paixão. As comparações apenas pertencem à mente." (Voltaire)

**** "Gosto de uma linguagem *ousada*, *metafórica* cheia de imagens..." (Voltaire)

Como fará cada vez mais em seus textos posteriores, Ponge retira essas abonações do dicionário *Littré*.

Posfácio

RETOMAR PONGE

Adalberto Müller

Mas essa obra segue sendo para nós um ponto de apoio, uma reserva de "recursos ingênuos", uma máquina de intensificar a experiência, objeto de jogo e júbilo, uma "ferramenta" essencial para os nossos dispositivos de emancipação."

Jean-Marie Gleize, Cérisy-La-Salle, 2015.

Esta nova edição[1] brasileira de *Le parti pris des choses* (1942) tem a intenção de reaproximar o nosso leitor daquele que é um dos autores fundamentais do modernismo francês, e talvez um dos mais singulares de toda a modernidade. Quando disse que Ponge era um clássico moderno, Italo Calvino (em *Por que ler os clássicos?*), estava por certo ciente dessa contradição entre a novidade e a permanência, que faz com que sempre queiramos voltar a Ponge, retomá-lo, como se faz com os vinhos excelentes. "Inventor e clássico", tal foi o título de um congresso sobre ele nos anos 1970 em Cérisy-La-Salle, retomado em 2015, no mesmo castelo normando, com o título de "Ateliers contemporains"[2].

[1] O que o leitor lerá aqui é uma *retradução* dos cerca de vinte textos de Ponge que traduzi e publiquei em conjunto com Carlos Loria entre 1993 e 2000, e que foram parcialmente retomados e/ou aproveitados na primeira edição de *O Partido das coisas*, organizada por Ignacio Neis e Michel Peterson (cf. a nota a "Pluie/Chuva" acima). Esse livro contava ainda com traduções dos organizadores e de Julio Castañon Guimarães, pioneiro nas traduções de Ponge no Brasil. O leitor encontrará algumas referências a essas traduções, quando necessárias, nas notas do tradutor, neste volume, notas essas acrescidas de um aparato crítico-textual mais atualizado. Em homenagem aos tradutores que me precederam, uso neste texto, às vezes, a terceira pessoa, menos por falsa modéstia e mais por reconhecimento de que o tradutor nunca trabalha sozinho.

[2] O conjunto de leituras realizadas durante 4 dias no castelo de Cérisy-La--Salle, onde apresentei o tetxo "Perspectives du Brésil", foi publicado em

Tal como inspirou, entre nós, o gosto do jovem poeta João Cabral de Melo Neto pelas coisas, a repercussão da obra de Ponge na literatura do pós-guerra, na França e mundo afora, é tão grande quanto difícil de resumir. De Jorge Luis Borges (um de seus primeiros tradutores, que nos tempos da revista *Sur*, publicou "Del água") a Italo Calvino (que incluiu Ponge em *Por que ler os clássicos?*); dos nossos poetas concretos (Haroldo de Campos, especialmente, que traduziu "A Aranha") aos poetas objetivistas americanos[3]; dos romancistas do Nouveau Roman (particularmente Robbe-Grillet, que o toma como modelo de objetividade) à poesia japonesa do pós-guerra (Koichi Abe, Shuntaro Tanikawa), a obra de Ponge circulou pelos cinco continentes desde a publicação de *Le parti pris des choses*, em 1942. Ao mesmo tempo, Ponge chamou a atenção dos filósofos e críticos, tanto dos fenomenólogos e existencialistas como Sartre e Camus, quanto dos pós-estruturalistas como Phillippe

livro: CUILLÉ, Lionel; GLEIZE, Jean-Marie; GORILLOT, Bénédicte; avec la collaboration de FRISSON, Marie. *Francis Ponge, ateliers contemporains*. Paris: Classiques Garnier, 2019. Em meu texto, tratei da questão da perspectiva em Ponge, a partir das questões levantadas pelo realismo especulativo e pelo perspectivismo antropológico. A epígrafe deste prefácio está nesse livro, p. 26. Todas as traduções não assinaladas são minhas.

[3] Na poesia Americana, há os que são seus contemporâneos e semelhantes (como W.C. Williams e W. Stevens), mas não o leram, provavelmente; há os que o leram provavelmente, como L. Zukofsky e Ch. Olson, e muitos poetas da L=A=N=G=U=A=G=E. Enfim, há os herdeiros dessa tradição que o leram e sobre ele escreveram, como Robert Bly e James Merril. Mais recentemente, com a discussão em torno da ecocrítica, Ponge voltou e emergir no debate da poesia americana. A esse propósito, cf. o texto de Lionel Cuillé, "La 'vérité verte' de Francis Ponge: écocritique made in USA" em *Francis Ponge, ateliers conteporains*, acima referido.

Sollers (que lhe dedicou dois livros) e Jacques Derrida, que incluiu Ponge em seus cursos americanos no momento de formulação da desconstrução, e que viria a publicar um livro seminal sobre Ponge: *Signéponge* (1984). Mais do que um crítico de Ponge, Derrida incorporou em seu projeto filosófico e na sua escrita ingredientes da *metatécnica*[4] ponginana.

Em "Le galet" ("O calhau"), Ponge afirma que o calhau "não é uma coisa fácil de se definir bem", o mesmo se pode dizer de Ponge. E, ainda aproveitando a lição desse texto, é preciso colocá-lo tanto dentro de uma perspectiva histórica quanto geográfica (ou mesmo geológica). Comecemos por uma pequena *geobiografia*.

Francis Ponge nasceu em Montpelier, no sul da França, em 1889. Desde jovem, foi fortemente influenciado pelo pai, Armande, banqueiro e protestante. Até os nove anos, estuda em Avignon, mas passa a maior parte do tempo em Nîmes, antiga cidade romana. Com a mudança da família para Caen (Normandia), conclui seus estudos secundários no Lycée Malherbe, com uma dissertação premiada em filosofia. Em Paris, faz o curso preparatório (*hypokhâgne*) no Lycée Louis-le-Grand. Nessa época tanto se aproxima do socialismo como lê autores latinos, particularmente Lucrécio e Horácio, e passa a se tornar "adepto" do dicionário *Littré*, que o acompanhará ao longo de sua vida. Apesar de tentar duas vezes o exame

---

[4] O termo "metatéchnique" designa em Ponge a reflexão sobre a criação poética dentro da criação poética, como ele faz em *Méthodes* (1961, traduzido por Leda Tenório da Motta como *Métodos*, Imago, 1997).

para as Grandes Écoles (Sorbonne e ENS), é reprovado duas vezes na prova oral, atingido por um inexplicável mutismo — mutismo que será seu tema em vários textos sobre a dificuldade de falar, sua e das coisas.

Com essas poucas informações biográficas, já é possível traçar um perfil da formação afetiva e intelectual de Ponge. Por um lado, a vida nas bordas do mar, tanto na Côte-d'Azur quanto na Normandia; a presença do pai, com seu protestantismo calvinista e seus valores morais (de onde o gosto por definições precisas, pela austeridade); a influência clássica da civilização romana e dos autores latinos (sobretudo Lucrécio). Por outro, a aproximação com ideias socialistas, a educação fundamental e média em escolas de excelência, e, enfim, o fracasso nos exames orais, que o afastaria da vida acadêmica, e o faria viver uma vida difícil de trabalhador assalariado, mas também o levariam a aproximar-se de escritores e artistas como alguém que era menos um intelectual, e mais um trabalhador (não por acaso, cultivaria a amizade com Georges Braque e Jean Dubuffet, artistas avessos ao intelectualismo francês).

Como não poderia deixar de ser, o artista Ponge cresce num ambiente de vanguarda, em meio a uma crise da representação, uma crise da *mímesis*: "No século XX, os espelhos voaram aos pedaços", ele afirmará (Gleize, 1983:127). Apesar de se aproximar dos surrealistas, sobretudo pelo aspecto político (era o movimento de vanguarda mais afinado com o marxismo), Ponge se afasta dos preceitos de escrita automática e dos ditados

128

do inconsciente. É com o cubismo, sobretudo, que ele se identifica mais profundamente. Primeiro, pelo perspectivismo fragmentado dos cubistas, fruto de uma desconfiança profunda da representação realista, cuja origem já estava na pintura de Cézanne. Por outro lado, o um certo sensualismo mediterrâneo (de Cézanne e Picasso), a atração pelos objetos banais e pelas coisas do cotidiano.

Com todos esses elementos (formação clássica, ideais socialistas, atitude de vanguarda, atenção aos objetos e vida de trabalhador), Ponge já tinha elementos para se tornar um escritor digno de nota . Mas como na vida literária não basta o talento, a aproximação com Jean Paulhan seria o passo decisivo na carreira literária de Ponge. Paulhan foi diretor de redação da *Nouvelle Revue Française* de 1925 a 1940, e posteriormente um dos editores da Gallimard. Poucos foram os escritores franceses da primeira metade do século XX na França que não tiveram que passar pelo seu crivo. Figura intelectual controvertida, Paulhan distinguia dois tipos de escritores em *Les Fleurs de Tarbes*: os retóricos, confiantes na linguagem e na expressão, associados aos ideais do classicismo, e os terroristas, desconfiados e rebeldes, que viam a linguagem antes como obstáculo e como espaço de luta (entram no seu rol Mallarmé, Lautréamont, os surrealistas). A resposta de Ponge a Paulhan aparece em *Le parti pris des choses* associado ao problema do drama da expressão (em "L'orange", "Faune et flore") e o da busca da perfeição ("L'huître", "Escargots", "Le galet").

Mas é sobretudo em *Proêmes* (1948) que a resposta vem inteira. Publicado por incentivo de Albert Camus (com quem Ponge encontrou e se correspondeu durante a Ocupação nazista na França), o volume trazia textos escritos entre 1923 e 1944, nos quais se sentia fortemente o debate com Paulhan. Em vários textos do volume, Ponge se mostra reticente quanto à capacidade de aceitar a ideia transparência da linguagem típica dos "retóricos". Pelo contrário, ele afirma que a "ordem sórdida" da situação histórica fala sempre "dentro de nós mesmos" (Ponge, 1999:192)[5]. Num texto intitulado "Rhétorique", ele aceita a ideia de que é preciso que todos falem, que todos sejam poetas. Mas logo se descobre que todos estão falando a mesma linguagem contaminada: "as palavras já vêm feitas e se exprimem: elas não me exprimem de modo algum. Isso é um sufoco." (Ponge, 1999:193). A saída de Ponge é "terrorista":

> É aí mesmo que ensinar a arte de resistir às palavras se torna útil, a arte de dizer apenas aquilo que queremos dizer com elas, a arte de violentá-las e de submetê-las. Em suma fundar uma retórica, ou antes ensinar a cada um a arte de fundar sua própria retórica, é uma obra de salvação pública (Ponge, 1999: 193)

Mas, tão importante quanto a retórica, são os objetos: "O poeta não deve jamais propor um pensamento, mas um objeto, isto é, ele deve fazer com que mesmo o seu

---

[5] Cf. Bibliografia ao final deste volume.

pensamento pose como um objeto." (Ponge,1999:178). Assim, o drama da expressão se resolve nesse partido que ele toma: dos objetos, das coisas. É isso que lhe dará uma "razão de viver feliz" (Ponge, 1999:197), é isso que ele propõe na longa carta-poema a Albert Camus, que fecha *Proêmes*: o poeta deve ser um "Sísifo feliz". Evidentemente que Ponge já estava escapando ("por uma descuidada fresta", como dirá João Cabral) dos dilemas da fenomenologia e do existencialismo. Nos anos 1960, ele vai ainda mais longe, e associa o encontro da poesia, do objeto e da felicidade, como um princípio ético: na busca do *objeu* (*objet + jeu*, jogo, mas também *je*, eu) o poema instaura uma *objoie* (*objet/obje/ + joie*, alegria). Jogo e alegria, vale lembrar, era a clave dos poetas provençais (Arnaut Daniel, Guilherme de Aquitânia), arquifundadores da poesia moderna.

Mais do que um manual de curiosidades estéticas, *Proêmes* é uma espécie de documentário de artista, mas um documentário em que o artista é ao mesmo tempo o documentarista e o documentado, e o que se vê é a obra fazendo-se diante dos nossos olhos, como ocorre com os filmes de Agnès Varda[6]. "Apenas disponho de vinte

[6] Em 2006, num congresso de cinema em Aix-en-Provence, almocei, por obra de um acaso intraduzível, com Agnès Varda. Como àquela época eu desconhecia seus filmes, conversei com ela sobre vários outros assuntos que não o cinema, para matar o tempo, e disfarçar minha ignorância brutal. Conversa vai, conversa vem, entre uma garfada dela em minhas batatas, e uns aspargos que lhe roubei ao prato, acabamos dando fatalmente em Francis Ponge, e descobri nela uma admiradora e entusiasta do poeta das coisas (e das "batatas" de Ponge, como eu, de seus "aspargos"). Mais tarde, quando fui ver *Les glaneurs et la glaneuse*in, maravilhado, eu entendi o porquê da sua admiração. E desde então a admiro igualmente, pelo humor e pelo rigor, e

minutos, à noite, antes de ser tomado pelo sono", assim Ponge se retrata escrevendo, e isso se deve ao fato de que sua "condição social" o obriga "a ganhar a vida praticamente doze horas por dia" (Ponge, 1999:168). Essa dimensão do trabalho permeia todo o livro de 1942. Em um texto como "Le cageot", há uma analogia implícita entre esse objeto "simples", que transporta mercadorias exóticas e caras, e o trabalhador explorado, já que o engradado é "arranjado de maneira que no termo de seu uso possa ser quebrado sem esforço". É esse objeto que deveria despertar a nossa "simpatia", ao mesmo tempo em que demanda que saibamos falar dele sem "repisar" muito. Mas é sobretudo em "R. C. Seine No." que Ponge descreve de forma impiedosa e satírica o mundo do trabalho. Ou melhor, o seu mundo do trabalho, já que o texto descreve o dia a dia nas Messageries Hachette, onde Ponge trabalhou de 1931 a 1931, recebendo um salário humilhante, e onde iniciou a sua luta sindical. A leitura desse texto — nem sempre lembrado pela crítica pongiana — me parece crucial para entendermos a relação entre o campo da cultura e o campo do trabalho. No que diz respeito ao campo cultural, a Messageries Hachette cumpria um papel de mão invisível na relação entre a produção e o consumo daquilo que chamamos de cultura letrada, pois o seu papel era o de distribuir diariamente milhões de exemplares de jornais, revistas, livros, panfletos e toda sorte de impressos, fazendo uma

por reinventar mais do que reproduzir. Como Ponge, Varda sempre deixa uma *signatura* inconfundível em suas obras.

ponte entre os *produtores* e os consumidores da cultura letrada. Apesar de não mostrar uma imagem comum do mundo do trabalho (a fábrica, com os operários suando, as máquinas e ferramentas), é justamente lá, naquele lugar invisível aos leitores, que as condições de trabalho são mais desumanas, ainda que seus "empregadinhos" usem "chapéu-coco" e não o macacão do operário:

> É por uma escada de madeira não encerada nunca nos últimos trinta anos, passando pela sujeira das guimbas jogadas junto à porta, em meio a um pelotão de pequenos funcionários ao mesmo tempo mesquinhos e selvagens, de chapéu-coco e marmita na mão, que começa, duas vezes por dia, a nossa asfixia. Uma luz reticente reina no interior dessa escada caracol caindo aos pedaços, onde flutua suspensa a serragem da madeira bege. Com o ruído dos sapatos içados pelo cansaço entre um degrau e outro num eixo sujo, aproximamo-nos com um andamento dos grãos de café numa engrenagem de trituração. Cada qual acredita mover-se em estado livre, porque uma opressão extremamente simples o obriga, que não difere muito da gravidade: do fundo dos céus, a mão da miséria roda a moenda.

A última imagem é muito significativa para entender o materialismo pongiano (e fiz questão de traduzir "moulin" por moenda, em vez de moinho, para fazer pensar em moeda). Ao contrário do que propalam os críticos franceses, a posição de Ponge não deve ser confundida com o mero ateísmo e o anticlericalismo voltairiano típico do intelectual Francês. Ponge não está preocupado com a questão metafísica da existência ou não de Deus. O que o preocupa é a existência da miséria, e, mais do que isso, o modo como devemos lutar contra ela. Essa é, a meu ver, a atitude que define o *parti pris des choses*. Muito já se disse sobre essa expressão que dá título ao livro, a saber: a) que se trata de um tomar partido em favor das coisas; b) que se reconhece o partido que as coisas tomam; c) que ambas as coisas pressupõem o trabalho com a linguagem; d) que o tomar partido marca uma posição política; etc. A grande questão é saber o que são as coisas. No ensaio de 1944 ("L'homme et les choses"), Jean-Paul Sartre associou a coisa pongiana à fenomenologia, e abriu uma discussão que duraria décadas: Ponge seria um poeta das palavras, ou um poeta das coisas? O que é mais importante, o partido ou as coisas?

Derrida, acertadamente, sairá do dualismo em que a crítica caiu. Observando o texto "Le mimosa", no momento em que Ponge diz querer encontrar "le mimosa sans moi" (a mimosa sem mim), Derrida dirá: a coisa de Ponge não é nem a mimosa, nem o mim, é a *mímesis*. A grande questão, que é comum a Ponge e à toda a modernidade, é a crise da representação. Era essa a percepção de Jean Paulhan, que descrevemos acima. Mas a resposta de Ponge a Paulhan é a decisão radical de ter um *terrorista-retórico*. Ou seja, que diante de um estado de coisas opressivo colocado pelo capitalismo avançado e pelo fascismo é preciso destruir o velho humanismo para poder inventar o homem-por-vir: "O homem está ainda por vir. O homem é o futuro do homem" (Ponge, 1999: 230). Mas inventar a partir de onde? Certamente não a partir das formas provenientes da interioridade subjetiva (consciente ou inconsciente, racional ou irracional), contaminadas por aquilo que ele chama de "idéologie *pâtheuse*", ou seja, por um uma mistura de *pathos* e de pastoso, um *pathos pastoso*, que banaliza os sentimentos e erige a subjetividade à posição de absoluto. Do (mau) romantismo para cá, o que importa são os sentimentos, o esmiuçar da intimidade, a mesquinharia da vida privada (que se torna mais importante ainda na era das redes sociais e dos *selfies*). É esse *pathos* pastoso (ou essa pasta *pathosa*) que alimenta a indústria cultural, é o seu carro-chefe (do sertanejo universitário ao romance trivial, dos posts do facebook do cidadão qualquer aos *twitters* enganosos de Trump e da máfia Bolsonaro). E é a manipulação desse "humanismo" doente que torna possível a ascensão do fascismo — não por acaso o carisma de Hitler e Mussolini, traduzido em eventos "culturais", levava as massas à histeria emocional, ou *pathosa*. De tanto nos vermos, não vemos mais as coisas.

O partido que Ponge toma vai na direção oposta a esse "humanismo" que se consolida na técnica enquanto manipulação do humano (F. Kittler, invertendo McLuhan diria que os homens se transformaram em extensões da técnica) . Ele quer entender o mundo a partir das coisas "mais particulares, as mais assimétricas e de reputação contingente (Ponge, 1999: 170)". É essa contingência, avessa a generalizações, avessa a totalizações, que nos remete Ponge (e a que Ponge nos remete) ao mundo contemporâneo. Se, como se alardeava há pouco, as "grandes narrativas" entraram em colapso, olhemos para a ostra, a vela, a chuva, o calhau ou um dia de almoço num restaurante de comerciários apressados, que engolem a comida maquinalmente. Esse é o partido das coisas. É um *a partir* das coisas, mas também um partido, uma posição política. A ênfase na contingência, em Ponge, também não é cega à circunstância, e até mesmo à intimidade. Em seus livros, Ponge várias vezes escreveu sobre artistas, sobre amigos e até mesmo sobre sua família. No livro que agora lemos, por exemplo, há um belo texto — "A jovem mãe" — em que descreve sua mulher Odette logo depois do parto de sua única filha, Armande. Armande também aparece "La chêvre" ("A cabra") de *Pièces*, no qual se vê uma bela imagem da mãe-cabra com sua cria, chamada de "pequeno tamborete de madeira que salta com os quatro pés" (Ponge, 1999: 806). Esse texto, dedicado e Odette, também apresenta uma descrição da beleza feminina associada ao caráter arredio e arisco da cabra, no qual se associam os termos "belles" (belas) e "butées" (teimosas), formando o trocadilho "belzébuthées", belzebelas & feras:

> Essas belas de olhos oblongos, peludas como feras,
> belas e ao mesmo tempo brabas — ou melhor se
> bradas: endiacabras! — quando elas balem, de que

se queixam, as belas? De que tormentos, de que problemas? (Ponge, 1999: 807)

Assim como vemos Odette e o bebê Armande na "Jovem mãe", vemos Ponge em suas circunstâncias, assinando (em) seu nome, ou usando o nome alheio: no mesmo texto da cabra, ele usa a epígrafe magistral de Malherbe (a quem dedicaria um tratado poético): "E se o inferno é fábula no centro da terra, / É vero no meu peito." (Ponge, 1999: 806). Assim como as coisas (naturais ou não) outras formas de contingência acabam deixando e recebendo uma *signatura*[7], e o que lemos no Partido das coisas adquire assim o caráter próprio de uma cosmogonia.

A cosmogonia contingente de Ponge também se abre para os novos interesses epistemológicos em torno do animal e do vegetal (sem esquecer o mineral, ainda pouco discutido na literatura). Em *Partido das coisas* já se vê claramente a zoofilia pongiana (moluscos, camarão, borboleta), que vai se desdobrar em grandes textos posteriores como "La Guêpe/A vespa" (dedicado a Sartre e Beauvoir) ou "L'araignnée/A aranha". Mas é na questão do vegetal e da vegetalidade que o pensamento poético de Ponge se desdobrou e frutificou. Desde os textos como o "Fauna e Flora" aqui traduzido, até o gigantesco *La*

---

[7] O conceito de *signature* em Derrida (*Signéponge*, op. cit.), pressupõe as ideias de signo, assinatura e natureza, todas contidas na mesma palavra. Cf. as "Notas do Tradutor" ("A laranja"), acima. Antes de Ponge, Johann Sebastian Bach também gostava de "assinar" as suas composições, usando notas que equivaliam às letras do seu nome.

fabrique du pré, passando pelo "Cahier du bois de pin/ O caderno do pinhal" (traduzido por Leonor Nazaré) e por "Le mimosa" (que publiquei como *A mimosa*, pela Editora da UnB), o vegetal ocupa um lugar significativo na cosmogonia pongiana. No segundo Colóquio de Cérisy (2015) dedicado à obra de Francis Ponge, François Bizet apresentou uma brilhante leitura da obra de Ponge a partir da questão vegetal. Para Bizet, o "crescimento" dos textos de Ponge a partir do pós-guerra (como "Le mimosa", que traduzi no livro *A mimosa*[8]), reflete uma expansão que abandona a forma do monumento em direção ao movimento, do indivíduo em direção ao "divíduo textual"[9]. Mais do que uma questão meramente textual ou estética, Bizet vê no vegetalismo pongiano uma visão do tempo (e da duração) que dialoga com o bergsonismo deleuziano, criando dentro dos seus textos uma *forma-tempo*,

> forma que integra a duração [*durée*] de sua própria elaboração em seu próprio material, de tal modo que não possa ser dissociada deste —, no momento em que o poema se solta [*délie*] como se diz de uma

---

[8] Apresentei a tradução de "Le mimosa" na tese *Música e mímesis na obra de Francis Ponge*, que defendi na USP em 2002 (Departamento de Letras Modernas, FFLC). Nessa tese, tentava chamar a atenção para a estruturação musical (melódica e harmônica) na obra de Ponge. Posteriormente, uma parte dessa tese foi publicada nesse volume *A mimosa* (Editora UnB, 2004), que fez parte da coleção Poetas do Mundo, dirigida por Henryk Siewierski.

[9] François Bizet, "L'heure végétale", in *Francis Ponge, atelier contemporains*, p. 84. Sobre a questão do *divíduo*, que se origina na obra de François Hallé (*Éloge de la plante*, 2014), tratei em meu *Transplantações (do jardim da minha mãe)*, propondo uma sociedade baseada na *dividuação* das plantas, em contraposição à sociedade da individuação individualista do capitalismo.

língua, e em que a trama textual se distende até dar a ver seus tempos de parada, suas zonas de silêncio (p. 85).

É no seu modo de ser-no-tempo, e de propor novas formas de temporalidade, que o vegetal de Ponge nos incita a pensar. Sobretudo em tempos de aceleração e desperdício, que geram cada vez mais o descartável (dos objetos manufaturados às vidas desvalorizadas pela necropolítica), as coisas que Ponge observou entre 1930 e 1940 nos lançam um apelo, como o daquela onda descrita nas "Bordas do mar", que vem vindo de longe, e finalmente fala. Pois se há um tempo em que já não sabemos mais escutar as coisas, isso significa que já não somos humanos, e sim coisas entre coisas. Em termos marxianos, isso significa que já fomos reificados. Por isso, a obra de Ponge ainda pode ser um remédio, um remédio amargo com aparência doce, como aquele de seu ilustre predecessor, e por quem Ponge sempre nutriu a mais profunda admiração: Lucrécio.

É isso tudo que faz de Ponge, hoje, um autor necessário, ainda. E muito mais necessário, na medida em que o capitalismo tardio está avançando das coisas materiais (que vão se acumulando como dejetos) para as coisas imateriais (derivativos, mundo virtual, redes sociais etc.); na medida em que o mundo do comum e da comunidade vai sendo transformado em mercadoria comum; na medida em que a reificação (ou coisificação) se estende para além do humano, em que o capitalismo re-coisifica, recodificando-a, a própria coisa (através, por exemplo, da modificação genética ou da robótica), o partido das coisas (ou o terrorismo retórico) pode ser a única atitude realmente revolucionária, pois parte do princípio de que é preciso deslocar o humano da sua posição de centralidade e buscar novas *perspectivas*, algo como um giro copernicano na relação entre "o homem" e "as coisas" (em aspas para indicar não a generalidade, mas a contingência).

Exatamente por insistir na perspectiva, na contingência e na materialidade que a proposta estética de Ponge encontra eco no pensamento atual e na arte contemporânea, quando se discutem as materialidades, as formas de agência, o realismo especulativo, e o perspectivismo (forte, entre nós, no pensamento antropológico de Eduardo Viveiros de Castro). Muito além da fenomenologia (onde Sartre tentou aprisioná-lo), o pensamento e a invenção de Ponge ainda está se movendo em direção a nós, porque nunca foi tão importante pensar e repensar nossa relação com as coisas. E nunca foi tão importante tomar o (ou pertencer ao) partido das coisas.

A RETRADUÇÃO

A retradução (*retraduction, retranslation*) já existia como prática muito antes que Paul Bensimon e Antoine Berman lançassem a hipótese de operacionalizar esse conceito nos estudos de tradução, em 1990 (na revista *Palimpsestes*). Particularmente no caso dos textos antigos e clássicos (inclusive a Bíblia), a prática da retradução tem uma longa história, que se confunde com a história da recepção e das interpretações desses textos em diferentes situações geopolíticas. Pensar um "original" a partir das suas retraduções implica em reconhecer duas coisas: primeiro, que toda tradução é parcial e historicamente localizada; segundo, que há textos que demandam sempre novas retraduções. Consideremos, por exemplo, algumas das traduções de "Le cageot" para a língua inglesa. Primeiro, leiamos o primeiro parágrafo do original, com tradução interlinear:

LE CAGEOT
À mi-chemin [a meio caminho] de la [da/entre] cage [jaula/gaiola] au [ao/e o] cachot [calabouço/prisão] la langue française a [a língua francesa tem] cageot [caixote/engradado], simple caissette à claire-voie [simples caixote com clarabóias] vouée au transport de ces fruits qui [destinado ao transporte desses frutos que] de la moindre suffocation [com a mínima suficação] font à coup sûr une maladie [adquirem certamente uma moléstia].

Antes de mais nada, é preciso que o leitor tenha em mente que o que Ponge faz em seu poema é uma brincadeira etimológica e lexical relacionando os termos *cage* (gaiola/jaula), *cachot* (cela de prisão/calabouço) e *cageot* (caixote/engradado), definindo este último a partir de um quarto termo, *caissete* (caixote/caixinha).

Do ponto de vista etimológico, apenas *cage* e *cachot* têm algum parentesco: por derivação sufixal (*cage* + *ot*). O que relaciona as três palavras é, antes, o *à mi-chemin*, ou seja, a localização das três palavras no dicionário, mas essa localização também é falsa, pois *cachot* vem antes e, *cageot*, no fim. O que fica no meio do caminho é *cage*. Vale lembrar, ainda, que há outro termo comum, *cagette*, que Ponge sequer menciona.

Apesar dessa brincadeira, o texto de Ponge serve de abonação aos grandes dicionários da língua: o *Grand Robert* e o *Trésor de La Langue Française*, no verbete *cageot*. Claro que os lexicólogos perceberam o truque pongiano, mas também entenderam que a questão aqui é semântica: o que está a meio caminho é aquilo que Ponge (husserlianamente) chama de *noção* do objeto, ou seja, que o *cageot* pressupõe tanto a ideia de calabouço quanto de gaiola (aliás, os *cageots* também serviam para transportar animais vivos, como codornas, iguaria bem francesa). O próprio Ponge declarou muitas vezes que não era poeta, que queria chegar a "definições claras" das coisas, à sua "qualidade diferencial".

Vejamos o que fazem os tradutores de língua inglesa:

LE CAGEOT

À mi-chemin de la cage au cachot la langue française a cageot, simple caissette à claire-voie vouée au transport de ces fruits qui de la moindre suffocation font à coup sûr une maladie.

LE CAGEOT/ THE CRATE
Midway between cage and "cachot" (prison) the French language has "cageot" (crate), a simple small openwork box given over to the transport of those fruits that out of the least suffocation make (you can be sure) a malady. [Cid Corman]

THE CRATE
Halfway between *cage* (cage) and *cachot* (cell) the French language has *cageot* (crate), a simple openwork case for the transport of those fruits that invariably fall sick over the slightest suffocation. [Beth Archer]

THE CRATE
Midway between cage and *cachot*, or cell, the French has *cageot*, a simple little open-slatted crate devoted to the transport of fruit that is sure to sicken at the slightest hint of suffocation. [Lee Fahnestock]

THE CRATE
Halfway between *cage* (cage) and *cachot* (prison cell) the French language has *cageot*, a simple openwork container for transporting fruits that sicken at least hint of suffocation. [Margaret Guiton]

THE CRATE
Midway from a cage to a dungeon, the French language has crate, a simple slated case devoted to the transport of such fruits as at the least shortness of

breath are bound to give up the ghost. [Beverley
Bie Brahic]

CRATE
Halfway between *crib* and *cage* the French language
places *crate*, a simple slatted box for transporting
those fruits that fall ill at the least lack of air. [Joshua
Corey & Jean-Luc Garneau]

O que se vê, no caso das traduções para o inglês (aqui
dispostas em ordem cronológica de publicação) é não
apenas a grande variação lexical e sintática dos termos,
mas uma certa evolução no papel da tradução em relação
ao original. Essa evolução implica num afastamento, num
descolamento do original, que vai dando ao texto tradu-
zido uma autonomia cada vez maior. Isso se evidencia
no modo como as primeiras traduções se aprisionam
ao original, chegando a trazer para a tradução alguns
de seus elementos: Cid Corman, seu primeiro tradutor,
mantém no título o termo francês, e depois usa aspas e
parênteses para explicar a seu leitor que não pode tradu-
zir os termos "cachot" e "cageot". Só que, curiosamente,
traduz o primeiro termo, *cage*, palavra homônima em
francês e inglês (vale lembrar que cerca de 35% dos
vocábulos ingleses são de origem francesa, ou melhor,
anglo-normanda). As traduções de Archer, Fahnestock e
Guiton seguem essa disposição, com variações no modo
de inserir as "explicações". Ou seja, todas elas se mantêm
no nível da tradução interlinear, num texto híbrido, que

nem é original, nem tradução, mas fica precisamente *a meio caminho*.

Seria preciso esperar três décadas até que Brahic e a dupla Corey & Garneau traduzissem o texto propriamente. Aparentemente, a tradução de Brahic opta por desconsiderar a brincadeira léxico-etimológica, e investe na *noção*. Só que a escolha da palavra *dungeon* (masmorra, especialmente de castelos medievais) se relaciona a *cage* pela origem francesa de ambas. Corey & Garneau dão um passo além: conseguem encontrar uma palavra inglesa, *crib*, que se relaciona em termos fonéticos (e um pouco etimológicos) com *cage* e *crate*. Do ponto de vista semântico, é interessante observar que *crib* pode ser tanto um berço (com grades laterais) quanto um estábulo para animais; além disso, o que parece mais interessante ainda, um *crib* é uma *cola*, no sentido daquelas traduções que se faziam de textos latinos para serem usados em exames.

Aqui faço um reparo: quando Ponge diz que quer chegar às *noções* das coisas (à sua qualidade diferencial), ele também afirma que é preciso observar as palavras, e verificar em que medida as palavras se relacionam com essas noções. Essa relação pode ser uma forma de cratilismo, como ocorre no texto "L'huître", em que o autor vê não apenas uma das valvas da concha da ostra no acento circunflexo, mas também a relação entre a dureza do encontro consonantal *tr* e a concha. Em "Les mûres", ele percebe a homofonia/homografia entre o substantivo amoras (*mûres*) e o adjetivo maduras (*mûres*). Nesse caso, ele sugere que a substância e o atributo se encontram no poema, criando uma *noção*. Mas em muitos casos, a noção é criada por uma progressiva aproximação. Em "Le mimosa", por exemplo, ele quer entender a relação entre essa planta (a *mimosa pudica*) e a mímica, daí porque começa falando da comédia italiana, depois fala da pantomima, do adjetivo mimoso, mas o que está em jogo é a ideia de *mímesis*, ou imitação, que ele não nomeia. Isso é o que se pode chamar de *noção*, em Ponge. É isso justamente o que ocorre em "Le cageot". A noção envolve as ideias de prisão, aprisionamento, confinamento, mas também de construção, agenciamento, transporte, e os termos *cage, cachot, cageot, caissette, claire-voie, transport, suffocation, maladie*, todos eles constroem essa noção. Mas é o jogo entre os três termos, a brincadeira léxico-etimológica, que transforma a mera noção em poesia. É nesse ponto que a tradução de Corey & Garneau toca. Só que, evidentemente, a noção não será a mesma. Pois, entre as palavras e as coisas, há uma outra coisa, que se pode chamar de cultura: o espaço de negociação entre as palavras e as coisas. É no âmbito da cultura que se formam as noções. Quero dizer com isso que não há nem pode haver uma noção de *cageot* idêntica para um francês, um americano e um brasileiro. Vale lembrar aqui — e justamente aqui — que *cageot* também é usado para qualificar uma pessoa considerada feia. Embora Ponge não esteja pensando nesse sentido aqui, não é impossível que um leitor francês pense nisso. Assim como não é impossível que um jovem leitor mato-grossense, como eu, que nunca antes tinha ido ao mar, imaginasse que os "olhos de ressaca" de Capitu tinham a ver com ressaca alcóolica, e não como a força da maré tempestuosa, que invade a orla e arrasta tudo na vazante. A mudança de contexto modifica as noções das coisas. Vejamos, para concluir esse tópico, a tradução italiana e, por fim, a nossa:

> LA CASSETTA
> Tra casetta e cassata la lingua italiana ha cassetta, semplice cassa a giorno votata al trasporto della frutta che del minimo accenno di soffocazione fa subito una malattia. [Jacqueline Risset]

> O ENGRADADO
> A meio caminho de engraçado e degradado a língua portuguesa tem engradado, simples caixote com claraboias destinado ao transporte dos frutos que, com a mínima sufocação, contraem fatalmente uma doença. [Adalberto Müller]

Em relação às traduções americanas, Risset fez algo que a nenhum deles ocorreu: ela fala das palavras *na língua italiana*. De fato, mesmo em Corey & Garneau, é um contrassenso dizer que aquelas palavras (inglesas) estão na língua francesa. Isso valia para as primeiras versões (sobretudo para Archer e Guiton). Em termos semânticos, Corey & Garneau ainda permanecem colados ao original (a língua francesa), embora se descolem dele em termos lexicais. Sendo assim, Jaqueline Risset faz a primeira tradução, em sentido pleno, desse texto. Obviamente, o seu jogo lexical-fonético dá as costas para a noção que Ponge criara, pois, se *cassetta* é *cageot*, *casetta* é casinha, e *cassata* é uma sobremesa gelada do sul da Itália. A tradução de Risset foi a base para pensarmos a escolha de engradado. Não foi uma escolha fácil, porque o mais óbvio seria usar o termo caixote. Creio que Carlos Loria e eu chegamos a pensar em várias analogias possíveis: caixa, caixão, pixote, estrambote etc. Em algum momento da nossa correspondência (no tempo das cartas, ele em Salvador, eu entre Brasília e Curitiba) surgiu a palavra engradado. Numa pesquisa em dicionários como o grande *Morais e Silva* (10 volumes, 1949), encontramos várias abonações que comprovavam fartamente o uso de engradado como caixote. Aliás, acredito que cabe também ao tradutor colocar-se ativamente no processo linguístico, pois o tradutor é um *agente* no processo cultural-linguístico, tanto quanto o escritor e tanto quanto qualquer falante. Por outro lado, uma vez definido o termo, foi preciso encontrar um jogo que funcionasse para o leitor brasileiro, daí a relação entre engraçado e degradado, que é quase uma antítese (ou pelo menos, uma ironia). O fundamental é que conseguimos manter a noção de encarceramento, que fica reforçada pela ideia de *grade* que se alastra entre as palavras.

Desse modo, a tradução, mais do que estar colada às palavras do original, quer aproximar-se daquilo que Ponge entende por noção: a relação entre as palavras e as coisas. Ora, se essa relação é permeada pela cultura (isto é, pela história), é impossível e até mesmo desnecessário querer permanecer indefinidamente na noção que Ponge tinha de um *cageot* em 1935. Como o leitor verá no poema (e nas notas), o *cageot* a que Ponge se refere é aquele que era encontrado nas ruas próximas ao (já desaparecido) Marché des Halles, feitos com um tipo de madeira específico para transportar mercadorias específicas (hoje eles estão sendo substituídos pelo plástico). Jamais vai ser o mesmo caixote (ou engradado) do leitor brasileiro de 2018. No entanto, para além das palavras do original, nessa transa(ção) que a tradução opera, a noção do *cageot* do texto de Ponge é trasladada, e recuperada, parcialmente, pela associação dos novos termos (engraçado/degradado) na *sequência*. Há uma imagem do *cageot*/engradado que se re-atualiza no texto traduzido. Em poesia, traduzir a imagem é tão importante quanto traduzir as palavras.

O engradado é uma pequena prisão, mas também está preso, traz em si mesmo as suas grades. Não chega a ser uma mercadoria, mas está a serviço da mercadoria, da circulação de mercadorias e também do fetiche destas ("fundentes", "nebulosas"). Está "agenciado" para ser quebrado (abusamos propositalmente as terminações -*ado*) e jogado fora, como o operário, como o estivador. É, por isso mesmo, simpático, digno de compaixão, apesar de ser desajeitado. No entanto, a compaixão por ele deve ter a justa medida, deve se adequar a ele. Pois o pior é ficar repisando: ele se quebra.

Já que falamos acima de sequência, um último reparo, para fechar este prefácio, que já está ficando longo e aborrecido. Muitos leitores perguntam por que os textos de Ponge são poéticos, uma vez que eles estão escritos em prosa. Bom, é preciso lembrar que o *poema em prosa* é um termo criado por Baudelaire (*Spleen de Paris*) que ganhou notoriedade na literatura francesa. Na verdade, os escritores franceses da segunda metade do século XIX corroeram as distinções entre poesia e prosa. Isso se vê tanto no romance de Flaubert (um esteta da frase) quanto nos textos em prosa de Rimbaud e Lautréamont. Mallarmé (em *Divagações*) e Proust (em sua grande obra romanesca) tornaram impossível a distinção entre poesia e prosa.

A questão fundamental, percebida por Mallarmé e por Rimbaud, passou a ser o ritmo. Tradicionalmente, a ideia de ritmo estava associada, em literatura, à ideia de repetição, e, sobretudo, à ideia de métrica. O verso nada mais seria do que a repetição de uma figura rítmica. No entanto, desde Safo (ou antes dela), sabemos que a mera repetição dos elementos sonoros não cria um ritmo. O ritmo também depende da diferença. Gilles Deleuze, que pensou o ritmo filosoficamente, costumava dizer que o ritmo surge de uma diferença entre repetições. Logo, é a diferença que cria o ritmo, não a repetição. A partir da diferença, é possível pensar o ritmo como ressonância de elementos iguais e distintos, do medido e do desmedido.

Francis Ponge tinha uma consciência extrema disso. Não foi por acaso que tomou como modelo os autores latinos. Como se sabe, aquilo que se chama de "literatura" na Roma republicana e imperial compreende um grande número de gêneros, dos discursos de Cícero aos epigramas de Marcial, passando pelo teatro de Sêneca e as elegias de Propércio. Como dispunham de um sistema muito codificado e definido de métrica, os escritores latinos se destacavam por sua habilidade de combinar e de modificar certas formas mais ou menos fixas (diríamos hoje rotinas, ou programas) de métrica. Assim é a prosa de Ponge. Em muitos momentos, é possível perceber que as frases de um período são uma combinação de versos alexandrinos e de decassílabos. Em outros momentos, ele alterna alexandrinos e octossílabos. E, o mais das vezes, mistura elementos métricos com elementos livres de métrica.

Na verdade, assim como busca que as coisas manifestem a sua própria retórica, pode-se dizer que, em Ponge, o ritmo é sugerido pelos objetos: há um ritmo da chuva, em "Chuva"; há um ritmo vegetal em "Fauna e Flora"; há um ritmo de pedra em "O calhau". Por isso, lemos que na chuva "cada uma de suas formas tem um *andamento* particular". O texto de Ponge é então como que uma orquestração dessas ressonâncias internas e externas que ele percebe nas coisas, por isso a questão do ritmo se reveste, em sua obra, de uma dimensão ética: ele está atento ao *ritmo do outro*.

Para trabalhar o ritmo nos seus textos, Ponge conta com uma versatilidade do francês, e o seu sistema de pontuação. Como em francês o sistema de pontuação não é estritamente sintático (como em português), mas entoativo, isso lhe permite criar inversões sintáticas que tanto favorecem o andamento da frase, quanto servem para criar ambiguidades (anfibologias). Isso é particularmente notável em textos como "Bordas do Mar" e "O calhau", que são exercícios de virtuosismo prosódico e sintático.

Ora, o português é muito menos "livre" nesse sentido. Nosso sistema de pontuação nos obriga a criar uma prosa muito mais recortada (e fragmentada) do que a língua francesa. Não é por acaso que um escritor como Proust escreveu o que escreveu: a frase francesa parece ter essa liberdade de esticar-se até o limite da compreensão. É isso que dá a um texto como "Pluie" ("Chuva") o seu andamento, o seu ritmo, que se entrelaça com os ritmos da chuva.

Felizmente, para o tradutor, é possível contar com o exemplo de grandes prosadores como Clarice Lispector e Raduan Nassar, que tensionaram os limites da nossa sintaxe, e consequentemente da pontuação. Lispector, sobretudo em *Água Viva*, subvertendo a imposição sintática das vírgulas e pontos, deu à prosa a liberdade do fluxo (do ritmo) do pensamento em gestação. Nassar, traduzindo o ritmo da fala, temperando com a frase longa o destempero emocional de seus personagens, modulando tons de fala em relação aos afetos, confundindo os limites da descrição, da narração e do diálogo. Na obra de ambos, já não faz mais sentido distinguir poesia e prosa.

Assim (espero) seja este livro.

ANEXO

SOBRE AS COISAS, BENS TÃO PRÓXIMOS

Marcelo Jacques de Moraes

A disjunção entre o sujeito e o eu, entre a palavra e a coisa, entre a linguagem e ela mesma é um tema recorrente no âmbito das discussões em torno da poesia moderna francesa, aquela que começa a despontar a partir da segunda metade do século XIX, quando, segundo Paul Valéry referindo-se a Baudelaire, a poesia toma consciência de si mesma. Mas o que se vai especialmente dando a ver no esforço poético moderno de materialização da experiência de si, das coisas e da linguagem por meio da invenção de uma língua — "encontrar uma língua" era a tarefa da poesia reivindicada por Rimbaud — é, no limite, a alteridade de si, a alteridade das coisas, a alteridade da própria linguagem. Como seguiriam mostrando outras obras que, longe de se pacificarem com o tempo, continuariam sendo lidas e relidas ao longo de todo o século XX, como as de Lautréamont, Nerval ou Mallarmé, ou aquelas, mais próximas de nós, de René Char, Henri Michaux ou André du Bouchet — para não citar poetas vivos como Michel Deguy, Christian Prigent ou Charles Pennequin.

Entre todas elas, tem brilho intenso e próprio a obra de Francis Ponge, que constituiu um modo bastante singular de recolocar essas questões, atualizando a encenação desta crise da linguagem e do sujeito que, com ele, estará diretamente relacionada à própria demanda de poesia. Para recolocar o problema com o poeta, partirei de duas formulações suas que me parecem exemplares. Na primeira, extraída de um texto de 1929/30, e bastante conhecida, o poeta refere a resposta daqueles que "têm a consciência e a preocupação e o asco dos outros em si mesmos" e a quem se diz: "Sejam poetas". Eis a resposta deles, enunciada por Ponge na primeira pessoa:

> É sobretudo aí, é ainda aí que sinto os outros em mim mesmo, quando tento me expressar, não consigo. As palavras são prontas e se expressam: elas de modo algum me expressam. (Ponge, 1999: 193)

Trata-se daquilo que, para nós, tornou-se de certa forma uma evidência: a língua é, antes de tudo, língua de todos, e impõe a cada um, à revelia, as ideias alheias, "prontas". É com esse raciocínio que Ponge justifica desde cedo seu partido da poesia. Em 1928, a propósito, justamente, deste *Partido das coisas*, ele já tinha escrito: "Trata-se para mim de fazer as coisas falarem, uma vez que eu mesmo não consegui falar..." (Ponge, 1999: 1033) E para ele, como aprendemos ao lê-lo, somente através da mediação das coisas haverá sujeito a falar.

Na segunda formulação, bem posterior, recolhida de *As Sendas da criação*, de 1970, Ponge vai perseverar na mesma direção: a experiência que exige poesia é exatamente a do encontro com alguma coisa que recusa o nome que não pode não nos ocorrer quando nos deparamos com ela, com essa coisa:

> O que nos faz *reconhecer* uma coisa *como coisa* é exatamente o sentimento de que ela é *diferente* de seu nome, da palavra que a designa, da palavra que porta seu nome, do nome do qual é comovente que ela consinta em portar o nome. (Ponge, 2002: 431)

É contra esse "consentimento" da coisa ao ruído que necessariamente a espreita — ruído que, em *Tentativa Oral*, de 1947, Ponge chamara de "ronrom do espírito de ontem" (Ponge, 1997: 117) —, é contra esse consentimento que a obra do poeta se constrói. É esse uso da palavra como resistência ao nome que vem com a coisa — pensemos na flor mallarmeana, aquela "ausente de todos os buquês" — ou como emergência da alteridade do sujeito em resistência ao eu — e aqui poderíamos aludir à "alquimia do verbo" rimbaldiana —, é esse uso que me interessa evocar aqui rapidamente com Ponge.

*

Em um texto de 1962, encomendado pelo Museu de Artes Decorativas de Paris, e publicado no catálogo de uma exposição intitulada *Antagonismos: o Objeto*, o poeta escreveu:

A relação do homem com o objeto não é de modo algum apenas de posse ou de uso. Não, seria simples demais. É muito pior.

Os objetos estão fora da alma, é claro; no entanto, eles são também a massa de nosso cérebro, o que nos leva a pensar.

Trata-se de uma relação no acusativo.

O homem é um corpo engraçado cujo centro de gravidade não está nele mesmo.

Nossa alma é transitiva. Precisa de um objeto, que a afete, como seu complemento direto, logo. (Ponge, 2002: 657)

E para que um objeto possa, dirá Ponge mais adiante, tornar-se um "ponto de amarração, a margem em que podemos nos apoiar", "basta que ele tenha o peso." (Ponge, 2002: 659) E ele prossegue:

Basta que ele tenha o peso.

A maioria deles não tem o peso.

O homem, na maior parte das vezes, abraça apenas suas emanações, seus fantasmas. Assim são os objetos subjetivos [isto é, os que não têm o peso...].

Ele não faz senão valsar com eles, cantando todos a mesma canção; depois alça voo com eles ou se abisma. (Ponge, 2002: 659)

Na última sequência de frases, Ponge traça o cenário em que talvez possamos entoar, com os objetos, uma outra "canção", "[saindo] desta ciranda insípida em torno da qual o homem gira a pretexto de ser fiel ao homem", como já dissera o escritor em *Tentativa Oral*. (Ponge, 1997: 115) E é nos seguintes termos que o poeta conclui o texto sobre o objeto:

> Precisamos escolher objetos verdadeiros, que se objetem indefinidamente aos nossos desejos. Objetos que reescolhemos a cada dia, e não como nosso cenário, nossa moldura; antes como nossos espectadores, nossos juízes; e não para serem, é claro, dançarinos ou clowns.
>
> Enfim, nosso conselho secreto.
>
> E assim compor nosso templo doméstico:
>
> Cada um de nós, na medida em que existimos, conhece bem, suponho, a Beleza desse templo.
>
> Ela fica no centro, jamais é atingida.
>
> Tudo em ordem em torno dela.
>
> Ela, intacta.
>
> Fonte de nosso pátio. (Ponge, 2002: 659)

Assim, os "objetos verdadeiros", não "subjetivos", são objetos que se "objetam" aos nossos desejos e que, por isso, escolhemos como nossos "espectadores", nossos "juízes". Objetos que nos olham, nos julgam, e fazem de nós uma imagem, objetos que nos transformam em imagem de objeto aos nossos próprios olhos. Mas que constituem ao mesmo tempo um lugar que é propriamente nosso — "nosso templo doméstico" —, e em que uma intensidade se experimenta — a da "Beleza" — sem jamais ser plenamente "atingida". Um "centro" que é nosso, constituído de objetos em torno dos quais tudo se ordena, e que nos olha e nos julga, mas não se deixa atingir. Não se pode, pois, atravessar essa distância que nos separa dele. Nesse sentido, "fazer as coisas falarem", para Ponge, é dar a ver, em seu silêncio e em sua resistência, o olhar que, de seu lugar, elas nos lançam à distância. E que, nos assujeitando, nos abre para nossas virtualidades próprias, para que, por nossa vez, possamos fundar, justamente, um lugar, o nosso: "nosso pátio".

Num texto de 1963 sobre Jean-Baptiste Siméon Chardin, um dos grandes mestres da natureza-morta do século XVIII, Ponge vai se referir aos objetos que compõem um de seus quadros como "os bens próximos", cujo encontro ele descreve assim:

> É verdade que o modo *deles* de saturar nosso espaço, de saltar para frente, de se fazerem (ou se tornarem) mais importantes que nosso olhar,
>
> O drama (e também a festa) que constitui seu encontro,
>
> Seu respeito, sua disposição,
>
> Este é um dos maiores temas que há. (Ponge, 2002: 664)

É claro que muito já se discutiu em torno desse "encontro", encenado todo o tempo em Ponge, entre o abstrato e o concreto, o subjetivo e o objetivo, a palavra e a coisa. Quero, de todo modo, tentar destacar aqui um aspecto fundamental da figuração da tensão que tal encontro implica, de seus efeitos na obra do poeta e em sua concepção da poesia.

Ao impor-se como "tema", como acabamos de ver, vinculando, assim, a constituição do sujeito que olha/ pinta/ escreve ao olhar assujeitador do objeto em formação, esse encontro institui ao mesmo tempo a própria formação do olhar (duplo genitivo: o olhar que forma e se forma, conformando uma forma e um lugar, uma distância). E quero privilegiar aqui o sentido forte, freudiano, do termo formação. Ou seja, trata-se da formação como um jogo de forças — escolhemos e reescolhemos objetos que "se objetam indefinidamente aos nossos desejos" —, e como um jogo de forças que se trava entre representações contingentes — são, afinal, nossos "bens próximos", aqueles que estão de uma maneira ou de outra ao alcance de nossos olhos, que nos olham, mas que resistem a nossa capacidade de olhá--los e assim, por isso mesmo, e é talvez o que importa mais fundamentalmente a Ponge, a nossa capacidade de dizê-los, de escrevê-los.

A escrita aparece, assim, como o "drama", como o trabalho de produção de uma imagem que resiste à linearidade da escrita — se pensarmos a linearidade como um movimento de aproximação, de eliminação de distância. É esse objeto-sujeito, que se figura na verdade como iminência de objeto, e que solicita a escrita porque, em seu silêncio, nos olha, e que solicita a escrita desse olhar que assim também nos permite olhá-lo, é esse objeto, justamente, que detém, interrompe a escrita, que a obriga não a prosseguir, mas a concluir. Em "drama" ou em "festa". Ainda que, como veremos, para recomeçar. (Lembro aqui, entre parênteses, uma imagem de Ponge traçada por Jacques Derrida. O filósofo francês contrapõe à necessidade do poeta de concluir logo e de assinar o que ele chama de "caráter volumevariostominoso da obra dos filósofos", os quais, mostra Derrida na sequência, denegam justamente sua própria língua, deles, filósofos, suas próprias circunstâncias e contingências, denegação que constituiria um traço determinante da escrita filosófica. (cf. Derrida, 1984: 33))

O objeto aparece, pois, em Ponge, como um objeto--sujeito em formação, como uma formação em formação, como uma figura sempre iminente, cuja "objetividade" eventualmente alcança — ou quase — o "peso" que lhe permitiria — e a cada um de nós —, justamente, existir, refundar seu próprio lugar (o dele e o nosso).

A poesia acaba, assim, constituindo a experiência de conhecer o modo próprio de nossos "bens próximos" de resistir a nós, de nos desarranjar: "Não se trata de arranjar as coisas (a ciranda) (...). As coisas é que precisam nos desarranjar", já dizia Ponge na *Tentativa Oral*. (Ponge, 1997: 118) E de, nessa resistência, permanecer como "fonte de nosso pátio", como o próprio pretexto de nossa existência, sempre por se escrever, sempre por ser encontrada, pela primeira vez. Pois é essa a preocupação de Ponge (ainda na *Tentativa Oral*):

Agora, quando me dizem: você não se preocupa com o homem, e me censuram por isso — como o fizeram — então eu sorrio. É verdade que estou farto do homem, como ele é, estou farto da ciranda. Vamos sair disso, fazer com que nossos objetos nos tirem daí. Então, quando me censuram, sorrio, pois evidentemente não viso diretamente ao homem, ao contrário, mas sei também que quanto mais longe e mais intensamente eu procurar a resistência ao homem, a resistência que seu pensamento claro encontra, mais chances terei de encontrar o homem, não de reencontrar o homem, mas de encontrar o homem à frente, de encontrar o homem que ainda não somos, o homem com mil qualidades novas, inauditas. Limpo, sujo, louco ou razoável etc., tirá-lo dessa ciranda, encontrar-lhe qualidades novas, encontrar o homem à frente, encontrar o homem que ainda não somos, o homem que vamos nos tornar. (Ponge, 1997: 120-121)

Para dar mais um exemplo desse processo de formação do olhar, gostaria de convocar aqui um outro grande escritor de quem Ponge disse que também ele "toma o partido das coisas quando nos revela algo de novo sobre o gosto da madalena ou a floração dos pilriteiros"... (cf. Veck, 1993: 22)

Proust — este outro pensador do objeto e da sensação, da imagem e do olhar — também sempre nos mostrou que o que é fundamental numa obra de arte não está em fazer ver melhor aquilo de que ela fala. Não se trata de dar a ver melhor os objetos para os quais ela aponta. Mas de nos fazer ver, a nós, leitores, espectadores, aquilo que, em torno de nós, nos olha, e nos faz existir: é, também para ele, de nossos "bens próximos" que sempre se trata. Referindo-se, por exemplo, às "amizades" que aprendemos a conhecer entre as coisas e seres justamente a partir de Chardin, sobre quem também escreve um artigo, Proust afirma: "Se ao olhar um Chardin, você pode dizer: isto é íntimo, é confortável, é vivo como uma cozinha, ao passear numa cozinha, você dirá: isto é curioso, é grande, é belo como um Chardin." (Proust, 1994: 70)

A experiência estética levaria, pois, no limite, a bem--dizer a própria condição sintomática — a própria "cozinha", por assim dizer —, objetivando-a em uma assinatura, em um nome, que permitiria desde então que se forjasse a partir dele um adjetivo. Uma imagem do mundo. Que, quando a olhamos, nos olha. E contingente, como a linguagem obriga. É uma experiência desse tipo que nos permite dizer não do mundo de Proust ou do de Chardin que sejam proustiano ou chardiniano, mas do nosso. Assim como são nossos próprios bens próximos — e não o sabão, a ostra, a vela ou o cigarro de Ponge — que fazem de nosso mundo um mundo potencialmente pongiano.

Para concluir, eu gostaria de evocar mais duas imagens de Ponge — e, bem entendido, da contingência que ele sempre encena, desde o início de sua obra, como inerente à própria possibilidade de constituir uma imagem minimamente durável, insistente se não consistente, do mundo, deste nosso mundo fraturado, caracterizado — e desafiado — justamente por sua dispersão contínua em imagens mais ou menos desconexas, como já nos ensinou há algum tempo Octavio Paz em seus *Signos em rotação*. No poema de 1928 intitulado *A forma do mundo* (Ponge, 1999, I: 170-171), Ponge descreve a tentação de

dar ao mundo, ao conjunto das coisas que [vê] ou [concebe] para a visão, não como o faz a maioria dos filósofos e como é sem dúvida razoável fazer, a forma de uma grande esfera, de uma grande pérola, delicada e nebulosa, como brumosa, ou, ao contrário, cristalina e límpida, da qual, como disse um deles, o centro estaria em toda parte e a circunferência em parte alguma, nem a de uma 'geometria no espaço', ou de um incomensurável tabuleiro, ou de uma colmeia de incontáveis alvéolos...

E assim segue o poeta dizendo que formas não daria ao mundo até dizer, finalmente, que daria "antes, de uma maneira completamente arbitrária e alternadamente, a forma das coisas mais particulares, mais assimétricas e por reputação contingentes", as quais enumera a seguir: "um ramo de lulas, um camarão no aquário natural das rochas, uma toalha em meu banheiro etc."

E assim ele termina o poema: "E certamente com razão poderão caçoar de mim ou esperar que eu vá para o hospício, mas encontro aí toda a minha felicidade."

Mas essa felicidade, sem resto, do poema acabado, não perdurará na obra de Ponge. Talvez porque ele venha a aprender poeticamente o que Derrida dirá filosoficamente, ou psicanaliticamente, como se queira, em seu estudo sobre o poeta: a dívida com a coisa, com a formação, com o sintoma, com o nome, não se paga: "À coisa devo um respeito absoluto que nenhuma lei geral mediatiza: a lei da coisa é também a singularidade e a diferença. A ela me liga uma dívida infinita, um dever sem fundo. Que jamais saldarei. A coisa não é, portanto, um objeto, não pode tornar-se um". (Derrida, 1984: 15)

De fato, o que caracterizou muito especialmente o autorreivindicado materialismo da prática poética de Ponge foi a exibição cada vez mais ostensiva, ao longo de sua produção, de sua experiência de escrita, de seu corpo-a-corpo com a língua, do corpo-a-corpo da língua com as coisas que ela dá a ver — inclusive, como vimos, ela própria, a própria língua. Pois Ponge dedicou-se cada vez mais a explicitar a gênese de seus textos, e publicou, a partir do final dos anos 1960, os rascunhos e manuscritos de algumas obras, num processo que, num de seus últimos trabalhos, *A Mesa* (1981), se mostra explicitamente inconcluso: os rascunhos não levam a um texto final — tampouco ao objeto...

Termino, então, com outro texto famoso, *Como um figo de palavras e por quê*, publicado em 1977 em sua forma final, que reúne as sucessivas versões do poema redigidas entre 1951 e 1961. Nesse texto, a coisa, o objeto, o mundo em questão — um figo, é esse o nome que Ponge lhe dá — obriga a um laborioso trabalho de construção linguística, dado a ver, nessa edição de 1977, com todas as suas hesitações, rasuras, mudanças e repetições: as mesmas frases vão sendo retomadas, transformadas, reescritas, e é esse todo que constitui a versão final do poema. Explorando, pois, toda a plasticidade da escrita, a potência imagética da palavra, esse "figo de palavras" vai se tornando cada vez mais sensualmente saboroso.

Assim, por exemplo, depois de referir-se ao fato de que o figo seco é um dos raros frutos inteiramente comestíveis, "a casca, a polpa e as sementes concorrendo juntas para nosso deleite", Ponge continua (apresento a seguir o final do longo poema, como sua última versão):

> E talvez, às vezes, seja apenas um celeiro de aborrecimentos para os dentes: pouco importa, gostamos dele, reivindicamos como nossa chupeta; uma chupeta, por sorte, que logo se tornasse comestível, já que sua principal singularidade, no fim das contas, é ser uma borracha ressecada a ponto de podermos, acentuando apenas um pouco (incisivamente) a pressão das mandíbulas, vencer a resistência — ou antes a não-resistência, primeiramente, nos dentes, de sua casca — para, uma vez açucarados os lábios pela poeira de erosão superficial que ela oferece, nos nutrirmos do altar cintilante que em seu interior a preenche inteira com uma polpa de púrpura presenteada de sementes.

Assim acontece com a elasticidade (para o espírito) das palavras, — e da poesia como a entendo.

Mas antes de terminar, quero dizer ainda uma palavra sobre o modo, particular da figueira, de desmamar seu fruto de seu galho (como é preciso também desmamar nosso espírito da letra) e sobre esta espécie de rudimento, em nossa boca: este pequeno botão de desmame — irredutível — que daí resulta. Na medida em que nos enfrenta, certamente não é grande coisa, não deixa de incomodar. Posto, aos resmungos, na borda do prato, ou mascado indefinidamente como fazemos com os provérbios: absolutamente compreendido, dá no mesmo.

E Ponge conclui:

Assim seja este pequeno texto: muito menos que um figo (como se vê), ao menos em sua honra algo nos resta, talvez. (Ponge, 1977: 248)

Aqui, ao contrário do que ocorre no texto de 1928, Ponge deixa um resto. O texto apresenta a imagem do que lhe resiste. À forma do mundo, escapa o botão, a contingência, que não permite que as coisas se ofereçam plenamente como objetos. Elas permanecem, justamente, em Ponge, em estado de poema, poema que só nos resta recomeçar a mascar, dramática ou festivamente, e a relançar aos nossos próximos, como mais um bem nosso, um "bem próximo", como não poderia deixar de ser, de humanos. Esse botão de desmame resiste, pois, como uma espécie de coisa absoluta, como dívida que não se paga, como traço da origem que não se apaga (do fruto para com o galho, do espírito para com a letra, como explicita o poeta).

Entretanto, na contramão de uma tendência que me parece constituir uma herança significativa da tradição moderna — de que Ponge é sem dúvida, como já reiterei, devedor —, a contingência em seu caso não leva a nenhum modo de desistência reflexiva, nem pelo viés de certa melancolia nostálgica de uma linguagem que tivesse plena eficácia simbólica, sem restos, nem pelo viés de certo cinismo pragmático que pretende operar com a linguagem no mero nível do jogo e da circunstância, levando na maior parte dos casos a uma espécie de fetichismo do significante. Mas à leveza de uma palavra que constrói uma distância própria em relação às coisas, revigorando-lhes ao mesmo tempo a imagem, e que o faz — isto é essencial — sem nos distrair delas e muito menos explicá-las.

Como o leitor certamente terá intuído ao percorrer este *Partido das coisas*.

Referências bibliográficas

REFERÊNCIAS USADAS NESTE LIVRO

CUILLÉ, Lionel; GLEIZE, Jean-Marie; GORILLOT, Bénédicte; avec la collaboration de FRISSON, Marie. *Francis Ponge, ateliers contemporains*. Paris: Classiques Garnier, 2019 (Col. Cérisy).

DERRIDA, Jacques. *Signéponge = Signsponge*. New York: Columbia University Press, 1984.

GLEIZE, Jean-Marie. *Poésie et figuration*. Paris : Ed. du Seuil, 1984.

PONGE, Francis. *A mimosa*. Tradução e apresentação de Adalberto Müller. Brasília : Editora da UnB, 2003, col. "Poetas do Mundo"

PONGE, Francis. *Comment une figue de parole et pourquoi*. Paris: Flammarion, 1977.

PONGE, Francis. *Métodos*. Tradução de Leda Tenório da Motta. Rio de Janeiro: Imago, 1997.

PONGE, Francis. *Œuvres complètes*. Paris: Gallimard, 1999 (v.1) e 2002 (v.2), col. "Bibliothèque de la Pléiade".

PROUST, Marcel. *Essais et articles*. Paris : Gallimard, 1994.

VECK, Bernard. *Francis Ponge ou le refus de l'absolu littéraire*. Bruxelles: Margada, 1993.

BIBLIOGRAFIA ESSENCIAL DE E SOBRE FRANCIS PONGE

Francis Ponge, *Œuvres completes*. Paris: Gallimard, 1999 (v. 1) e 2002 (v. 2), col "Bibliothèque de la Pléiade".

Francis Ponge. *Pages d'Atelier, 1917-1982*. Paris: Gallimard 2005, col. "Les Cahiers de la NRF".

Volumes coletivos

Gérard Farasse (dir.), *Ponge à l'étude, Revue des Sciences Humaines*, n°228, 1992-4.

Francis Ponge: Genesis. Revue internationale de critique générique, ITEM-Jean Michel Place, n°12, 1998.

Jean-Marie Gleize (dir.), *Ponge, résolument*, ENS-éditions, coll. "Signes", 2004.

Philippe Bonnefis, Pierre Oster (dir.), *Ponge inventeur et classique*, Colloque de Cerisy, Union Générale d'Édition, coll. "10/18", 1977. Réédition: Herman éditeurs, coll. "Cerisy/Archives", 2011.

Benoît Auclerc, Sophie Coste (dir.), *Ponge et ses lecteurs. Études critiques. Correspondance inédite de Francis Ponge avec son père*, éditions KIME, 2014.

Benoît Auclerc, Bénédicte Gorrillot (dir.), *Politiques de Ponge, Revue des Sciences Humaines*, n°316, octobre-décembre 2014.

Estudos monográficos

Jacques Derrida, *Signéponge*, Seuil, coll. "Fiction & Cie", 1988.

Jean-Marie Gleize, *Francis Ponge*, Seuil, coll. "Les Contemporains", 1988.

Bernard Beugnot, *Poétique de Francis Ponge*, PUF, coll. "Écrivains", 1990.

Michel Collot, *Francis Ponge entre mots et choses*, Champ Vallon, coll. "Champ Poétique", 1991.

Gérard Farasse, *L'Âne musicien. Sur Francis Ponge*, Gallimard, coll. "NRF-Essais", 1996.

Leda Tenório da Motta. *Francis Ponge: o objeto em jogo*. São Paulo: Iluminuras, 2000.

Correspondência

Jean Paulhan-Francis Ponge, Correspondance (éd. Claire Boaretto), Gallimard, t. I (1923-1946) et t. II (1946-1968), 1986.

Jean Tortel-Francis Ponge, Correspondance, 1944-1981 (éd. Bernard Beugnot, Bernard Veck), Stock, coll. "Versus", 1998.

Albert Camus-Francis Ponge, Correspondance, 1941-1957 (éd. Jean-Marie Gleize), Gallimard, 2013.